우리 아이 음식 선호도

우리 _____ 는

(을)를 좋아해요.

우리 _____ 는

(을)를 좋아하지 않지만 먹을 수 있어요.

우리 _____ 는

(을)를 싫어해요.

우리 _____ 는

에 알레르기 반응을 일으켜요.

우리 아이
밥 먹이기

우리 아이 밥 먹이기

지은이 임선경
펴낸이 임상진
펴낸곳 (주)넥서스

초판 1쇄 발행 2008년 5월 10일
초판 4쇄 발행 2011년 10월 31일
2판 1쇄 발행 2017년 1월 5일
2판 2쇄 발행 2017년 1월 10일

출판신고 1992년 4월 3일 제311-2002-2호
10880 경기도 파주시 지목로 5
Tel (02)330-5500 Fax (02)330-5555
ISBN 979-11-5752-995-7 13590

출판사의 허락 없이 내용의 일부를
인용하거나 발췌하는 것을 금합니다.

가격은 뒤표지에 있습니다.
잘못 만들어진 책은 구입처에서 바꾸어 드립니다.

www.nexusbook.com

넥서스BOOKS는 넥서스의 실용 브랜드입니다.

징그럽게 안 먹는
아이도 잘 먹는 이유식 · 유아식 레시피

우리 아이 밥 먹이기

넥서스BOOKS

너의 첫 끼,
이유식을 시작할 때,
참 설.렜.어.

식재료와 조리 도구,
그릇을 선택하는 것도
대충 할 수 있는 건 하나도 없었는데….

시기마다
새로운 재료로 이유식을 만들면서
탈은 나지 않을까 조마조마했지.

어느새 네가 먹을 수 있는 음식이
하나씩 늘어가는 게
새 옷 한 벌 사는 것보다 더 즐거운 일이 되었어.

생각해 보니,
너도 처음부터 안 먹는 아이는 아니었어.
왜 안 먹게 된 걸까…

다시 차근차근 알아가 볼게.

첫 끼처럼 설레는 마음으로,
다시 즐거운 식탁이 된 오늘.
내 아이 입에 밥 들어갈 때 느낄 수 있는 행복,

느끼게 해 줘서 고.마.워.

Prologue

 가끔 우리 아이들이 아주 어렸을 때를 떠올려 보곤 합니다. 아기는 먹을 때가 엄마와 가장 정서적으로 밀접하게 연결되는 시간입니다. 아기를 품에 안고 교감하던 순간을 생각하면 저절로 눈이 감깁니다. 아기는 엄마 품에 따스하게 안겨 입을 오물거리면서 엄마와 눈을 맞추고 손가락을 꼼지락거리며 열심히 젖을 먹습니다.

 그 행복하고 따스했던 기억. 아기가 먹는 것을 보면 생명의 경이로움이 느껴졌습니다. 먹는 것은 생명 활동과 바로 연결되기 때문이죠. 얼마나 느긋하고 평화로운, 포기할 수 없는 시간이었는지. 그런데 그것이 어느 날부터인가 힘들고 두려운 하루 세 번의 전쟁으로 변하고 말았으니 얼마나 애석한 일입니까.

 엄마는 어쩌면 그래서 더 화가 나는지도 모릅니다. 가장 행복했던 순간이 아이의 거부로 가장 힘든 순간이 되고 말았으니 속이 상하죠. 그래서 밥 안 먹는 아이를 둔 엄마는 사태를 객관적으로 보고 해결해 가려는 생각보다 먼저 화부터 납니다.

아이를 먹이는 일은 참 힘든 일입니다. 엄마는 뭐니뭐니해도 우선 '밥 주는 사람'인데, 아이가 밥을 안 먹으면 엄마로서 할 일을 못한 듯 괴롭습니다.

저도 우리 아이들 밥 먹이기 참 힘들었습니다. 이 방법도 써 보고 저 방법도 써 보고 한동안은 그냥 내버려 두다가 또 마음을 다잡고 밥 먹이기에 열을 내며 고군분투했습니다. 큰 아이는 아직도 밥 한 끼 먹는 게 하루 일과 중 가장 큰 과업입니다. 또래에 비해 먹는 양이 현저히 적고, 패스트푸드에 열광하며 자기가 먹고 싶은 음식만 고집합니다. 그러나 차차 나아지겠지요. 작은 아이는 아무거나 주는 대로 먹고 반찬이 파김치, 브로콜리와 멸치조림뿐이어도 밥 한 그릇을 뚝딱 먹어 치웁니다. 이제는 풋고추에도 도전하고 있습니다.

저는 요리를 잘하는 엄마는 못 됩니다. 아이들 문제라면 자다가도 벌떡 깨는 열혈 엄마도 아닙니다. 아이들 밥상 차리는 일에 이미 고수가 된 선배 엄마를 많이 봤습니다. 책도 많이 나와 있습니다. 그러나 아이에게 밥을 먹이는 것은 조리법이

중요한 것이 아니라고 생각합니다. 온갖 정성을 들여 요리해 놨는데 아이가 안 먹으면 말짱 헛것이죠. 고생한 보람이 없으면 신경질 나기 마련이고 아이를 때려서라도 밥을 먹이는 엄마가 생기는 것입니다.

이 책에서는 요리법이 아닌 '먹이기' 자체에 중요도를 두었습니다. 식사 습관 잡기, 편식 고치는 방법 등 어떻게 하면 좋은 음식을 충분히 먹일 수 있을까를 고민한 책입니다. 그리고 아이 상황에 맞게 먹일 수 있는 음식을 제안했습니다. 여기 소개한 밥 먹이기 노하우 중 몇 가지 방법들은 즉각 효과가 있었고, 몇 가지는 아주 오랜 기간 꾸준한 노력이 필요했으며, 어떤 것은 아직까지도 숙제로 남아 있습니다.

아이 기를 때는 공부가 필요합니다. 당연히 아이 밥 먹이는 것도 공부하고 노력해야 할 일입니다. 그러나 아이는 설명서가 있는 무선 조종 자동차가 아닙니다. 설명서대로 따라서 완성이 되는 것도 아니고 '아이 기르기 설명서'라는 것이 있을 리도 없습니다. 하지만 경험담을 들어 볼 수는 있겠지요.

이 책의 내용을 설명서, 지침서라기보다는 경험담으로 들어 주셨으면 합니다.
이 책을 보고 누군가 우리 집 아이들은 얼마나 잘 먹고 있는지 보러 올까 봐 그게 가장 걱정입니다. 누군가 보러 온다면 그날 만큼은 우리 아이들이 아주 잘 먹어 주길….

두 아이 엄마 임선경

Content

Prologue 010

1. 무조건 안 먹어요
무조건 안 먹는 세 살, 노아 이야기 020

얼마나 먹는 것이 평균인가요? ----- 024
정말로 안 먹는 것인가요? ----- 026
밥 먹기 싫은 다른 이유가 있진 않나요? ----- 028
걷기 시작할 무렵은 일생에서 가장 적게 먹는 시기입니다 ----- 030
정말로 안 먹는 아이, 밥 먹이는 비장의 기술 ----- 034

2. 식사 예절이 엉망이에요
엉망으로 밥을 먹는 네 살, 솔이 이야기 046

돌아다니면서 먹어요 ----- 049
먹여 줘야 먹어요 ----- 051
손으로 밥을 먹어요 ----- 053
음식 가지고 장난을 쳐요 ----- 055
너무 오래 먹어요 ----- 056
식사 예절이 엉망인 아이를 도와주세요 ----- 058

3. 편식이 심해요
골라 먹기 대장, 일곱 살 민희 이야기 068

무엇이 편식인가요? ----- 072
왜 편식을 할까요? ----- 075
아이의 편식 막는 비장의 기술 ----- 077
편식하는 아이를 도와주세요 ----- 085

4. 아이와 외식하려면 전쟁이에요
외식은 꿈도 못 꾸는, 쌍둥이 엄마 이야기 092

식당 선택만 잘해도 아이와의 전투는 줄어듭니다 ----- 095
외식에는 준비물이 필요해요 ----- 096
아이에게 어디서 무엇을 할지 알려주세요 ----- 098
즐거운 가족 나들이, 과감한 포기도 필요해요 ----- 099

5. 간식 때문에 늘 싸워요
과자만 찾는 다섯 살, 진아 이야기 104

간식과 군것질을 구별하세요 ----- 107
과자, 사탕은 왜 좋지 않을까? ----- 110
할머니가 자꾸 과자, 사탕을 사 줘요 ----- 112
냉장고에 주스가 없으면 난리 나요 ----- 114
건강한 간식의 원칙 ----- 120

6. 패스트푸드를 너무 좋아해요
패스트푸드점에 출근 도장 찍는, 성민이 이야기 124

패스트푸드는 왜 좋지 않은가요? ----- 127
그래도 굶는 것보단 낫지 않나요? ----- 129
아이들에게 패스트푸드의 의미 ----- 132
먹고 싶어 한다면 집에서 만들어 주세요 ----- 133
아이 밥상은 재료가 반이에요 ----- 134

7. 아이랑 같이 밥상 차리고 싶어요

요리를 놀이로 즐기세요 ----- 138
식사 준비 같이하기 프로젝트 ----- 140

8. 자주 아파서 밥 잘 먹을 틈이 없어요

감기에 걸렸어요 ----- 146
변비가 심해요 ----- 148
설사를 해요 ----- 149
입병이 났어요 ----- 151
보약 먹이기 ----- 152

9. 아이 밥 먹이기에 지친 엄마들에게

엄마가 느긋해져야 합니다 ----- 156
아이들은 금방 달라집니다 ----- 158
모든 것은 연결되어 있습니다 ----- 160
에너지를 많이 소비하게 하세요 ----- 162
밥상머리 아이 설득의 기술 ----- 163

10. 아이가 잘 먹는 레시피

적게 먹는 아이를 위한 요리 | 멸치주먹밥 | 쇠고기주먹밥
점심 모둠에서 먹기 좋은 간단 요리 | 불고기김밥 | 비빔밥 | 유부초밥
편식을 예방하는 요리 | 고기버섯볶음밥 | 채소볶음밥 | 팽이버섯국수

아빠도 아이도 좋아하는 요리 **치킨퀘사디아** | **햄버그스테이크**
손으로 들고 먹기 쉬운 요리 **동그랑땡** | **꼬치어묵전골**
혼자 먹기 편한 요리 **밥전** | **사골떡국**
영양 가득 일품 밥 요리 **영양밤밥** | **김치날치알밥**
영양 가득 일품 면 요리 **잡채** | **스파게티**
두부 듬뿍 영양 요리 **두부달걀찜** | **두부달걀말이**
몸에 좋은 건강 간식 **궁중떡볶이** | **새우튀김** | **단호박죽**
온 가족이 함께하는 주말 요리 **견과류볶음** | **닭봉조림** | **떡꼬치**
아이와 함께 만드는 요리 **메추리알장조림** | **연어샐러드** | **감자샐러드** | **꼬막양념무침**
설사 났을 때 먹는 요리 **도토리묵국수** | **마늘빵**
변비에 좋은 요리 **고구마 밥** | **홍합미역죽** | **브로콜리새우볶음**

11. 한끼 해결하기 좋은 간단 레시피

밥, 반찬, 국
오므라이스 | 오징어덮밥 | 콩나물밥 | 굴밥 | 김치콩나물죽 | 닭볶음탕 | 불고기 | 돼지고기고추장구이 | 탕수육 | 마른새우호두볶음 | 새우케첩볶음 | 버섯피망굴소스볶음 | 도라지나물 | 채소무쌈 | 뱅어포구이 | 청포묵무침 | 느타리버섯볶음 | 쇠고기무국 | 쇠고기완자탕

국수, 전, 간식, 음료
해물국수 | 김치스파게티 | 시금치수제비 | 카레국수 | 메밀국수 | 두유국수 | 닭칼국수 | 동치미막국수 | 김치녹두전 | 오징어부침개 | 단호박부침개 | 부추전 | 두부감자전 | 단호박튀김 | 닭꼬치 | 고구마맛탕 | 햄버거 | 식빵피자 | 프라이드치킨 | 브로콜리감자스프 | 밤경단·고구마경단 | 과일요구르트샐러드 | 수정과 | 오미자음료 | 미숫가루화채 | 수박두유화채

1

무조건 안먹어요

어른도 사람마다 먹는 양이 다릅니다. 아주 적게 먹는 사람도 있고 놀라울 만큼 많이 먹는 사람도 있습니다. 아이도 아이 몸이 스스로 얼마나 먹어야 할지 알고 있습니다. 아이가 이제 그만, 배부르다고 하면 배부른 것입니다.

무조건 안 먹는 세 살,
노아 이야기

낮 12시. 시간은 어김없이 돌아온다. 하루도 건너뛰는 법이 없다. 또 전쟁이 시작된 것이다. 하루에 세 번이나 치러야 하는 전쟁…. 노아 엄마는 밥때만 되면 걱정부터 앞선다.

세 살짜리 노아는 밥을 안 먹는다. 밥 안 먹고 어떻게 사냐고? 글쎄 말이다. 저렇게 부산하고 움직임이 많은 아이가 어디서 에너지를 얻는지 정말 모를 일이다. 물론 엄밀히 말하면 밥을 아예 안 먹는다기보다는 먹기를 싫어한다고 해야 맞다. 밥이든 과일이든 노아의 입 안에 뭔가 먹을거리를 하나 넣어 주는 건 구슬림과 협박, 오랜 기다림, 짜증, 폭발의 단계를 거쳐야 가능하다. 노아가 말을 배우기 시작했을 때 '엄마', '아빠' 다음에 배운 말이 '안 머!(안 먹어!)'일 정도였다.

'내가 노아 가졌을 때 입덧을 너무 심하게 해서 그런가?'
노아 엄마는 임신 기간에 입덧이 너무 심해서 제대로 먹질 못했다. 음식 냄새만 맡아도 토할 것 같아서 거의 두 달을 요구르트나 아이스크림만 먹으며 겨우겨우 연명했다. 그래도 노아는 3.6kg으로 건강하게 태어났다.
그런데 이제 노아는 또래 아이보다 작은 편이 되었다. 옆집에 슬기라는 여자 아이는 노아보다 넉 달이나 늦게 태어났는데도 키가 노아와 비슷하다. 포동포동 살이 오른 슬기를 볼 때마다 노아 엄마는 스트레스가 이만저만이 아니다.
노아 엄마는 밥과 시금칫국, 달걀찜을 차려 놓고 노아를 불렀다.
"노아야, 이리 와, 밥 먹자."
베란다에서 블록 통을 엎어 놓고 놀고 있는 노아는 들은 척도 안 한다.
"노아! 배 안 고파? 아침도 안 먹었잖아."
노아는 엄마를 쳐다보지도 않는다. 노아 엄마는 어쩔 수 없이 시금칫국에 밥을 한 술 말아서 베란다로 들고 간다.
"자, 노아 밥 먹자. 아~ 해 봐."
노아는 입에 숟가락을 갖다 대도 이리저리 고개를 돌리기만 한다.
"노아, 너 진짜 혼난다. 아~ 안 해?"
슬슬 화가 나는 노아 엄마. 이때 밖에서 헬리콥터 소리가 요란하게 들린다.
"뱅기!"
"그래그래, 비행기네. 밥 먹고 비행기 보러 나가자."
헬리콥터를 보고 흥분한 노아는 당장 그걸 보러 나가자고 엄마 팔을 잡아 끈다.
"잠깐만, 밥부터 먹고. 밥 다 먹으면 엄마가 비행기 사 줄게. 자, 아~"

"뱅기, 뱅기!"
"그래, 그러니까 이거 먹고!"
노아는 엄마 팔을 잡아 끌었다. 한 손에 국그릇, 한 손에 숟가락을 들고 있던 엄마는 노아가 잡아당기는 바람에 그만 국을 반이나 바닥에 쏟고 말았다.
"야!"
망할 헬리콥터는 이제 멀리 가버렸고, 베란다 바닥에는 밥풀 섞인 된장국이 흥건하고, 노아는 화난 엄마 때문에 울상이다.
"너 밥 안 먹으면 장난감이고 뭐고 아무것도 없는 줄 알아. 아빠한테 얘기해서 아주 혼내주라고 한다? 밥 안 먹으면 형아도 못 되는 거야."
노아는 엄마의 서슬에 한 입 받아는 먹는데 넘기지는 않고 입에 물고만 있다.
"냠냠해서 꿀꺽해. 빨리!"
노아는 잔뜩 찡그린 채 씹지도 않은 밥을 삼키는데, 뭐 못 먹을 것이라도 먹은 듯한 얼굴이다. 그렇게 겨우 서너 숟가락을 먹고 나자 노아는 도리질을 치며 멀찌감치 도망가 버렸다.
"어이구, 내가 늙는다 늙어."
노아 엄마는 엉망이 된 베란다 바닥을 치우고 식탁으로 돌아와서 노아가 남겨 놓은 밥을 긁어 먹었다. 노아 엄마의 식사는 늘 이렇다. 아이랑 밥 때문에 씨름하다가 아이가 입만 대고 만 지저분한 음식을 음식물 쓰레기 처리하듯이 입속으로 밀어 넣는 것이다. 버리기는 아까우니 먹긴 먹는데 맛도 없고, 먹어도 먹는 것 같지 않다.
밥을 먹으면서 보니 식탁 위에 먹다 남은 카스텔라가 보인다. 노아가 아침에도 밥을 안 먹는 바람에 10시쯤에 사다 먹인 것이다.

'애를 굶길 수는 없고, 저거라도 먹여야지. 우유랑 같이 먹이면 그래도 요기는 되겠지.'

저녁엔 또 뭘 해 먹이나 생각하니 노아 엄마는 한숨이 난다. 하루에 세 번, 이런 전쟁을 치른다는 것이 얼마나 지치는 일인지.

'아니 도대체 누가 하루에 세 끼를 먹으라고 정한 거야? 다 나오라 그래!'

사람이 하루에 세 번, 일주일에 스물한 번, 일 년이면 천 번 넘게 밥을 먹어야 한다는 것이 노아 엄마로서는 앞이 깜깜해질 일이다. 옛말에 제 논에 물 들어가는 것과 자식 입에 밥 들어가는 걸 보는 일이 가장 기쁘다고 했는데, 언제나 그런 기쁨을 누리게 되려나.

노아 엄마는 그런 생각을 하며 밥과 함께 한숨을 말아 먹는다.

얼마나 먹는 것이 평균인가요?

아이가 태어나면 두 시간에 한 번씩 40cc 정도 먹는 것이 평균이라고 합니다. 6개월이 되면 하루 5번, 180cc 정도 먹습니다. 분유나 모유를 젖병에 먹는 아이라면 이에 따라 잘 먹는지 아닌지 판단할 수 있습니다. 직접 수유로 모유를 먹는 아이는 얼마나 먹는지 가늠할 수가 없어 엄마가 답답해합니다. 소아과 의사들은 아기 몸무게가 잘 는다면 충분히 먹는 것이니 걱정 말라고 하죠.

이유식을 시작할 때, 아이가 먹는 양이 아주 적습니다. 하루에 한 번 그저 맛이나 보게 하자는 의미입니다. 대부분의 영양은 엄마 젖이나 분유로 채우면서 이유식으로는 숟가락의 감촉, 음식의 질감, 여러 가지 음식의 맛 등을 접해 보는 거죠.

이때는 엄마도 마음이 느긋합니다. 잘 먹지 않아도 '음, 당근은 별로인 걸? 내일은 감자 미음을 해 볼까?' 하는 식으로 생각합니다. 아이가 처음 먹어 보는 음식이 낯설어 거부감을 보일 수도 있다고, 당연히 그럴 수 있다고 받아들이기 때문입니다. 그리고 잘 안 먹어도 대안이 있잖아요. 하루나 이틀, 이유식을 잘 먹지 않아도 여태껏 잘 먹어 오던 모유나 분유가 있지 않습니까? 잘 먹으면 좋고 잘 먹지 않아도 굶지는 않는다는 마음이 있어서, 이유기에는 음식으로 아이와 씨름하는 일이 별로 없습니다.

문제는 아기가 젖이나 분유를 떼고 밥만으로 식사하게 되는 시기부터 시작됩니다. 하루 세 끼 주는 밥을 안 먹으면 이젠 더 이상 대안이 없습니다. 우유로 배를 채우면 변비만 심해지고 점점 더 밥은 먹지 않게 됩니다.

그럼 밥을 안 먹는다는 건 어느 정도를 말하는 걸까요? 밥 잘 먹는 아이와 밥 안 먹는 아이의 기준이 따로 있는 걸까요? 세 살쯤 된 아이라면 어른의 반 정도는 먹어야 하는 걸까요? 아니면 삼분의 일?

이런저런 육아책을 뒤져 보아도 이유기를 끝낸 아이가 어느 정도의 양을 먹는 것이 정상, 또는 평균이라는 정보를 찾기가 어렵습니다. 왜냐하면 그런 기준은 따로 없기 때문입니다.

어른도 사람마다 먹는 양이 다릅니다. 아주 적게 먹는 사람도 있고 놀라울 만큼 많이 먹는 사람도 있습니다. 아이도 아이 몸이 스스로 얼마나 먹어야 할지 알고 있습니다. 아이가 이제 그만, 배부르다고 하면 배부른 것입니다. 흔히 잘 먹는다, 혹은 안 먹는다 하는 판단을 엄마가 자의적으로 하는 경우가 많습니다. 그리고 엄마는 대부분 우리 아이가 너무 적게 먹는다고 생각하죠. 사랑이 그만큼 크니까요. 또는 옆집에 정말 잘 먹는 또래 아이가 살고 있기 때문일 수도 있습니다. 노아 엄마만 해도 옆집 아이 슬기 때문에 더 스트레스를 받잖아요. 먹는 양을 가지고 다른 아이와 비교하면 안 됩니다.

아이가 잘 자라고 있고 낮에도 활발하게 잘 지내고 있다면 일단 큰 걱정은 안 해도 됩니다. 너무 걱정해서 오히려 잘 안 먹게 되는 수가 많거든요.

정말로 안 먹는 것인가요?

"종일 굶었어요."
"도통 먹지를 않아요. 정말 아무것도 안 먹었다니까요?"
밥 안 먹는 아이를 둔 엄마는 하소연합니다. 아이가 쫄쫄 굶었다고, 아침도 점심도 굶었는데 저녁까지 안 먹는다고 난리입니다. 그렇게 굶고도 어떻게 배가 안 고픈지 이해할 수가 없다고 합니다.
아이는 종일 굶었을까요? 아이의 입으로 들어간 음식물이 정말 아무것도 없었을까요?
"새우깡 조금 먹었죠. 밥은 한 숟가락도 안 먹고요."
"정말로 안 먹었다니까요. 주스만 한 컵 먹고 우유 조금 먹고요. 아참, 요구르트 두 개 먹었나?"
아이는 뭔가 먹었습니다. 과자도 먹고 주스도 먹고 우유, 요구르트도 먹었네요.
물론 이런 걸로 배가 차지는 않습니다. 이런 음식들이 절대 끼니를 대신할 수는 없으며 영양을 채워 주지도 못하죠. 하지만 아이는 주스, 요구르트를 먹어서 밥을 안 먹는 것입니다.
사람의 뇌가 배고픔을 느끼는 것은 위가 비어서가 아니라고 합니다. 의사 선생님이 말하길 공복감을 느끼는 것은 혈당과 관계가 있다고 하네요.

우리 몸은 배가 텅텅 비어 있어도 설탕물 한 컵만 마시면 배고픔을 느끼지 못합니다. 공복감이 없어지기 때문이죠. 공복감은 설탕물 등에 들어 있는 당분과 관계가 있습니다. 아무것도 먹지 않아 배가 텅 비어도 혈액 내에 1%의 포도당만 있으면 우리의 몸은 공복감을 느끼지 못해요.

ㅡ『자연 담은 한방육아』 중에서

맞는 말인 것 같습니다. 병원에 입원한 중환자들을 보세요. 며칠씩 아무것도 먹지 못하고 주사로 포도당만 맞는데도 배고프다는 말이 없잖아요? 아이가 먹는 주스, 음료수 등에는 무척 많은 당분이 들어 있어요. 그러니까 '먹지는' 않고 '마시기만' 했는데도 배가 안 고픈 것이지요.

아침도 굶고 점심도 제대로 먹지 않은 노아는? 중간에 카스텔라를 먹었죠. 노아 엄마는 점심 이후에도 카스텔라와 우유를 줄 생각이네요.

아이는 배가 작습니다. 어른은 식사 중간에 사과 한 개, 간식으로 과자 한 봉지는 먹은 걸로 치지도 않습니다. 그 정도야 간에 기별도 안 가잖아요? 중간에 떡도 먹고 빵도 먹어도 밥 때가 되면 또 밥 한 그릇 뚝딱할 수 있습니다. 하지만 아이는 간식을 조금만 먹어도 배가 찰 수 있습니다. 아이에게 간식이 필요하지만 간식 때문에 주식을 먹지 못할 정도가 되어서는 안 됩니다.

밥 먹기 싫은 다른 이유가 있진 않나요?

어른도 걱정거리가 있거나 스트레스를 받으면 입맛이 뚝 떨어집니다. 반대로 스트레스를 받으면 보통 때 이상으로 먹는 사람도 있습니다. 이처럼 마음이 불편하면 먹는 것에 영향을 받습니다. 아이도 스트레스 때문에 잘 먹지 않을 수도 있습니다.

'어린 것이 무슨 스트레스?'라고 생각하나요? 그렇지 않습니다. 아무 걱정 없이 뛰놀기만 할 것 같은 아이도 여러 가지 일에서 스트레스를 받습니다. 동생이 태어나서 질투가 날 수도 있고, 어린이집에 다니기 시작했는데 엄마랑 떨어지기가 힘들 수도 있습니다. 더구나 요즘은 아주 어린아이도 한글이다 영어다 공부 스트레스를 받기도 합니다.

동생을 본 아이의 경우를 볼까요? 아기가 태어나면 엄마 아빠는 갓난아이를 돌보느라 정신이 없습니다. 마음은 그렇지 않지만 큰 아이에게 쏟던 정성이 갓난아이에게로 조금 옮겨 가는 것은 어쩔 수 없습니다. 그리고 큰 아이에게는 '너는 이제 다 컸으니까, 아기가 아니니까' 하면서 요구하는 것도 많아지고 기대 수준도 높아집니다. 아이 입장에서는 하늘이 무너질 일입니다. 느닷없이 나타난 아기 하나 때문에 엄마의 사랑은 줄어들고 잔소리만 늘었습니다. 이런저런 퇴행현상이 나타나는 것은 당연합니다. '나도 아기처럼' 되고 싶은 것이죠. 그래서 밥도 안 먹고 아기의 우유병을 빼앗아 빨고 돌아다니기도 합니다.

아이가 엄마에게 불만이 있을 수도 있습니다. 엄마에 대한 불만을 밥 안 먹는 것으로 표현하는 것일 수도 있죠. 엄마가 아이를 따라다니면서 행동 하나하나를 간섭하고 고쳐 주려는 스타일이라면 아이는 정말로 스트레스를 받을 것입니다.

마음이 불편하면 잘 먹지 않습니다. 실제로 복통이 생기기도 합니다. 툭하면 '배 아프다'고 하면서 밥을 먹지 않는 아이가 있는데, 밥 먹기 싫어서 꾀병 부리는 것이 아닙니다. 실제로 배가 아픈 것입니다. 이것을 심인성 복통이라고도 하고 신체화 증상이라고도 하는데요, 말 그대로 불편한 마음이 몸으로 나타나는 것입니다. 위장은 우리 몸 중에서도 민감한 기관이어서 기분에 영향을 많이 받는다고 해요. 어른도 어려운 사람과 불편한 자리에서 밥을 먹으면 체하기도 하잖아요? 위가 긴장하면 소화액이 잘 나오지 않기 때문입니다.

아이가 밥을 잘 먹지 않는데 몸이 아픈 것이 아니라면 마음이 아픈 것은 아닌지 살펴 봐야 합니다. 밥 문제에 집중하지 말고 아이가 서운해하고 상처받은 마음이 무엇인지 보살펴 주어야 합니다. 밥 잘 먹는

것도 중요하지만 아이의 마음을 잘 헤아리는 것이 더 먼저입니다. 마음을 달래 주면 밥 문제는 자연히 좋아질 수 있습니다.

정말로 몸이 아파서 잘 먹지 않을 수도 있습니다. 감기에 걸리거나 설사, 변비에 걸리면 당연히 입맛이 없겠죠. 특별한 질병은 없어도 아이가 소화기 계통이 튼튼하지 못할 수도 있습니다. 남들은 한두 시간이면 소화시킬 것도 더 오래 걸리고 소화가 조금만 힘든 음식이 들어가면 금방 탈이 나는 경우죠. 이럴 때는 먹는 양에 연연할 것이 아니라 소화기를 튼튼하게 해 주는 다른 방책을 연구해야 합니다.

걷기 시작할 무렵은 일생에서 가장 적게 먹는 시기입니다

15개월 정도가 되면 아이는 몇 가지 면에서 이전까지와는 완전히 다른 아이가 됩니다. 기어다니던 아이는 이제 제 발로 걸을 수 있게 됩니다. 물론 시기는 아이마다 조금씩 다르지만요. 네 발로 기다가 혼자 일어설 수 있고, 걸을 수 있게 되면 두 손이 자유로워집니다. 아이는 이제 이 두 손으로 별별 일을 다 할 수 있습니다(주로 사고를 치지요). 또한 시야가 넓어지면서 아이에게는 이제까지와는 전혀 다른 세계가 펼쳐집니다(식탁 위에 이렇게 재미있는 것이 많다니!).

15개월 된 아이는 '엄마', '아빠' 등 한두 마디 말도 할 수 있으며 제대로

소화를 도와주는 음식

• 매실농축액

소화에는 매실이 아주 좋아요. 매실은 위장을 강화하고 소화액이 많이 나오게 하며 식중독도 예방한다고 해요. 체기가 있을 때 매실농축액을 물에 타 먹으면 소화제보다 낫습니다.

1. 잘 익은 매실을 구해 꼭지를 따고 깨끗이 씻어 물기를 뺀다.
2. 매실과 황설탕을 1대 1로 섞어 항아리에 넣고 입구를 밀봉해 그늘에 둔다.
3. 보름에 한 번 정도 저어 준다.
4. 3개월 정도 지나 끈적한 갈색 액체가 우러나면 완성이다. 체에 걸러 원액은 냉장 보관한다.
5. 매실농축액에 물을 서너 배 정도 섞어 마신다.

• 귤피차

귤은 과육도 좋지만 껍질에도 약리작용이 있다고 합니다. 귤 껍질로 차를 만들어 마시면 감기도 예방되고 소화기도 튼튼해집니다.

1. 껍질로 차를 끓이는 것이니 반드시 유기농 귤을 구입한다.
2. 귤껍질을 베이킹소다나 소금으로 깨끗이 씻는다.
3. 껍질을 잘게 채 썰어 꿀에 재서 1주일 정도 둔다.
4. 진액이 우러나면 뜨거운 물에 타서 마신다.

된 말이 아니어도 다양하게 의사표시를 할 수 있습니다('아니!'라는 말은 참 빨리도 배웁니다. '아니'라고 말하지 못해도 고개를 설레설레 흔들지요).

또한 15개월 아기는 초기에서 중기, 후기를 거쳐 완료기까지, 길었던 이유기를 끝내고 이제 '밥'과 '반찬'을 먹기 시작합니다. '아기'의 상징인 젖병도 끊었고요. 더 이상 아기가 아닌 것이죠. 엄마가 자신을 여전히 아기로 보든 아니든, 아이는 이제 자신은 더 이상 '아기'가 아님을 온몸으로 주장합니다. 그리고 그 주장의 방법은 '말 안 듣기'와 '고집부리기'입니다(아이가 논리적으로 자기 주장을 펼칠 수는 없잖아요?). 그래서 아동심리학자들은 15개월 무렵부터를 제1반항기라고 부릅니다.

아이는 모든 것에 반항합니다. 반항이라는 것은 엄마와 자신을 구별할 수 있다는 의미로 중요한 성장 과정입니다. 자신감의 표현이기도 합니다. 이 시기의 아이는 엄마가 해 주는 모든 것에 반항합니다. 길을 걸으면서 엄마 손을 뿌리치고, 옷을 갈아입힐 때는 몸을 뻗대고, 소변을 가리지도 못하면서 귀찮은 기저귀를 빼 버리고, 재우려는 엄마를 피해 온 집안을 도망 다닙니다. '밥'도 예외가 될 수 없습니다. 이 시기의 아이는 엄마가 '먹이려고' 하기 때문에 안 먹을 수 있습니다. 엄마가 밥 먹는 것을 너무나 중요하게 생각하고 거기에 목숨 걸고 있다는 걸 깨닫는 순간, 아이는 안 먹으려고 기를 쓰는 것입니다.

또 돌이 지난 아이는 성장에 눈에 띄는 변화가 없습니다.

신생아가 자라는 걸 보세요. 두 주 만에 보러 온 할머니가 깜짝 놀랄 정도죠? 아기 가슴까지 올라올 만큼 컸던 신생아용 기저귀가 한 달 만에 작아집니다. 너무 커서 치렁치렁했던 봄옷이 가을에는 작아져 입지 못합니다. 돌 전의 아기들은 정말로 하루가 다르게 큽니다.

그런데 돌이 지나고 나니 크는 것이 예전 같지 않습니다. 아기가 돌이 지나면 육체적인 성장, 키가 크고 몸무게가 늘어나는 것보다는 '능력'이 발달하는 것이 더 두드러집니다. 위에서 말했듯이 걷고 말을 배우는 인지능력이 발달하는 것이죠. '성장'보다는 '발달'의 시기인 것입니다.

아기의 발달이 급격히 진행되는데 여기에 예전처럼 육체적인 성장까지 급격히 이루어지면 아기가 많이 힘들겠죠? 그러니 발달이 충분히 진행될 때까지 일단 육체적 성장은 둔화되는 것이지요. 육체의 성장이 둔화되다 보니 먹는 양도 줄고 아이의 식욕도 줄어드는 것입니다.

아동 심리학자인 안느 바쿠스는 이렇게 말합니다.

> 만 한 살이 지나면 아이의 먹고자 하는 욕구는 줄어든다. 이런 메커니즘은 생리적으로 완전히 정상이다.
>
> —「아기를 생각한다」 중에서

결론은 본격적으로 밥을 먹기 시작하는 무렵이 가장 밥을 안 먹는 시기라는 것입니다. 그러니 조금만 느긋하게 기다려 보세요.

정말로 안 먹는 아이, 밥 먹이는 비장의 기술

먹을래 혼날래? 억지로 먹이지 마세요

"전 아이한테 억지로 먹이지는 않아요."

실제로는 아이에게 억지로 밥을 먹이는 엄마도 '나는 그렇지 않다'고 생각하고 있습니다. 그러나 힘으로 아이 입을 벌리고 숟가락을 밀어 넣는 것만이 억지로 먹이는 것은 아닙니다. 밥상을 앞에 두고 아이를 어르고 달래고 협박하고 화내고 애원하는 모든 것이 억지로 밥을 먹이는 일입니다.

밥은 당연히 먹는 것입니다. 왜냐? 사람은 안 먹으면 못 사니까요. 그런데 밥 먹는 일을 너무 유난스럽게 대하면 아이는 밥 먹는 일을 특별한 일이라고 생각할 수 있습니다.

밥 안 먹는 아이를 둔 엄마의 모습을 가만히 살펴보면 종일 밥 타령입니다. 뭐 먹을래? 과일 줄까? 우유 먹어라. 제발 밥 좀 먹어라! 엄마의 입장에서는 아이가 워낙 안 먹으니 그럴 수밖에 없다고 합니다. 종일 밥 타령을 하면 아이가 더 많이 먹을까요? 그렇지 않습니다. "아이, 엄마가 말을 안 해 줘서 밥 먹는 걸 깜빡 잊어버렸잖아." 하는 아이가 있나요? 때가 되면 배가 고픈 것입니다. 엄마가 너무 밥 타령을 하면 아이는 밥 소리만 나와도 지겨워집니다.

밥도 그냥 먹으라고 하나요?

"이거 다 먹으면 장난감 사 줄게."
"한 숟가락이라도 남기면 혼날 줄 알아!"

이런 말들은 밥 먹는 일을 무슨 '과업'인 것처럼 만듭니다. 이런 식사가 계속되면 아이는 밥 한 끼를 먹을 때마다 '내가 장한 일을 했으므로 당연히 보상을 받아야 한다'고 생각합니다. 그래서 떼를 부리고 대가를 요구합니다. 혹은 엄마를 조정할 수단으로 밥 안 먹기를 이용합니다. '에잇! 내 말대로 안 해 주면 확 굶어버린다!' 하는 것이지요. 엄마에 대항하여 '단식 투쟁' 하는 어린이는 엄마가 만든 것입니다. 아이는 엄마의 가장 약한 고리가 바로 '밥' 문제라는 것을 귀신같이 알기 때문입니다.

제대로 밥을 먹이려면 '먹으면 먹고 말면 말고' 하는 태도를 가지는 것이 가장 좋습니다. 그런데 정말 그럴 수가 있을까요? 다른 사람도 아닌 '엄마'인데 말입니다. 엄마의 할 일 중 가장 중요한 일이 먹이는 일인데요, 그래서 그토록 많은 엄마가 '안 먹는 아이는 굶기라'는 조언을 따르지 못하는 모양입니다.

육아책에선 '안 먹으면 먹이지 말라. 절대 굶어 죽지 않는다. 스스로 굶어 죽는 길을 택하는 아이는 없다. 나를 믿으라'고 부르짖습니다. 수긍은 가되 솔직히 너무 냉정합니다. 굶어 죽지만 않으면 다인가요? 한창 클 나이인데 각종 영양소를 충분히 섭취해야 몸도 크고 머리도 좋아지고 정서 발달도 되는 것 아니겠어요? 자기 애 아니라고 너무하는 것 아닌가요?

그러면 다른 방법이 있을까요? 찾아 본 바에 의하면 유감스럽게도 없. 습. 니. 다.

밥상 앞에서 엄마가 냉정해지는 건 며칠이면 됩니다. 일부러 아이를 며칠씩 굶기라는 것이 아니고 안 먹으면 놔두라는 말입니다. 먹으면 먹이고요. 먹는 일이 더 이상 엄마가 목숨 거는 일이 아니라고 느끼면 아이의 밥상머리 투정은 사라집니다.

'한 입만 더'의 유혹 ✿엄마의 욕심을 버리세요

식사의 메뉴는 엄마가 정하지만 먹는 양은 아이가 정하는 것입니다. 아무리 내 자식이라도 내 몸은 아닙니다. 얼마만큼 배고픈지 얼마나 먹어야 배가 차는지 엄마가 어떻게 압니까? 자기 배니까 아이가 더 잘 아는 것이 당연하죠. 엄마 생각에는 부족하게 먹은 듯해도, 멸치볶음은 한 번도 안 먹은 것 같아도 아이가 식탁에서 일어나고 싶어하면 보내 줘야 합니다. '한 입만 더'의 유혹에 빠지지 말아야 합니다.

잘 먹지 않던 아이가 웬일로 밥 한 그릇을 싹 비웠습니다. 안 먹으면 굶기라고 해서 점심을 굶겼더니 저녁은 정말로 잘 먹은 것입니다. 여기서 엄마의 욕심이 슬그머니 고개를 듭니다. '지금이 기회다' 싶은 것이죠. 워낙 안 먹는 아이니까 잘 먹을 때 한 입이라도 더 먹이자 싶어서 '한 입만 더' 합니다.

"한 입만 더 먹어. 응?"

"배 불러요."

"그러니까 딱 한 입만. 국이랑 한 입만 더 먹어."

아이는 충분히 먹었습니다. 엄마가 보기에도 그만하면 많이 먹은 것입니다. 그런데도 욕심이 납니다. 그냥 보내 주기가 어쩐지 아쉬운 것입니다.

'한 입만 더', 이건 공든 탑을 무너뜨리는 일입니다. 모처럼 아이가 즐거운 식사를 했는데도 마지막에 가서 '식사란 역시 지겨운 것'이라고 못을 박는 것과 다르지 않습니다. 그까짓 밥 한 숟가락 더 먹이려다가 아이만 질리게 만든다는 말입니다. 우리 엄마는 도대체가 만족을 모른다고 생각하게 될 것입니다. 딱 한 숟가락이 가진 열량과 영양분이 얼마나 된다고 또 실랑이를 하겠습니까.

밥 먹는 것도 성취입니다. 적당량의 밥을 자기 그릇에 담아서 그것을 스스로 다 먹은 다음에 느끼는 뿌듯한 성취감을 빼앗지 말아야 합니다. '와! 내가 다 먹었다.' 하는 느낌 말이지요. 밥상 앞에서 아무리 해도 엄마가 만족을 모르면 아이는 먹는 일에서 성취를 느낄 수 없습니다. 게다가 '나는 잘 안 먹는 아이'라는 셀프 이미지를 갖게 됩니다. 아이가 스스로 '나는 이런 아이'라고 느끼는 셀프 이미지는 정말로 중요합니다.

아이가 잘 먹었는데도 밥을 더 주는 것은 "넌 잘 못 먹었어, 네가 먹은 것은 엄마 마음에 안 들어."라고 말하는 것과 같습니다. "와~

다 먹었네, 뭐든 잘 먹네, 꼭꼭 씹어서 잘 먹었구나."라고 말해 주면 아이는 앞으로 더 잘 먹습니다.

한 입만 더! 이런 엄마의 욕심으로 아이를 밥상에서 밀어내지 마세요.

이제 5분 남았네!   ✦식사 시간을 준비할 수 있도록 하세요

아이가 블록 쌓기에 열중하고 있습니다. 혹은 TV에 완전히 빠져 있습니다. 엄마가 식탁을 차리고 아이를 부릅니다. 아이는 건성으로 대답하면서 식탁으로 올 생각은 하지 않습니다.

식사 습관을 바로잡으려고 결심한 엄마는 성큼 다가가서 아이가 쌓던 블록을 치워 버립니다. 혹은 TV 전원을 꺼버립니다.

"으앙! 왜 그래."

"엄마가 밥 먹으랬지?"

"이거만 하고!"

"안 돼. 7시는 밥 먹을 시간이야. 당장 치우고 와."

"으앙! 나 밥 안 먹어!"

제시간에 밥을 먹도록 하는 것은 식사 습관을 잡는 데 아주 중요합니다. 밥 먹는 시간을 정하는 것도 엄마가 해야 합니다.

하지만 신나게 놀던 장난감을 뺏기고 좋아하는 TV 프로그램이 눈앞에서 꺼지는 것을 보고 기분 좋게 밥 먹을 아이가 어디 있겠습니까?

엄마는 식사를 위해 밥을 하고 국을 끓이고 식탁을 차리면서 준비를 하지요? 아이에게도 준비가 필요합니다. '7시가 다 되어가니 밥 먹을 시간인 걸 알겠지.' '엄마가 식탁을 차리고 있으니 당연히 밥 먹을 줄 알겠지.' 하지 말고 조금 있으면 밥 먹을 시간이라는 것을 아이에게 계속 알려 주어야 합니다.

"이제 조금 있으면 밥 먹을 텐데 블록은 어떡할까?"

"조금 있다가 밥 먹어야 하니까 TV는 그때까지만 봐야 돼."

엄마가 미리 예고를 해 주면 아이는 식사 시간이 되어 장난감을 치우고 TV를 꺼 버려도 저항이 덜합니다. 어찌됐든 느닷없이 당하는 일은 아니니까요. 물론 요리를 하고 식탁을 차리는 데 아이를 참여하게 한다면 그게 가장 좋은 준비가 될 것입니다.

오늘은 어디에서 먹을까?   ✦식사 환경을 바꾸어 보세요

아이가 밥을 어디에서 먹나요?

아기용 의자에 앉아서 식탁에서 먹는 것이 원칙입니다. 그런데 식탁 의자에 앉는 것을 지독히 싫어하는 아이도 있습니다. 카시트에 앉는 것을 거부하는 아이가 많은 것처럼요. 식탁 의자는 대부분 혼자서 앉거나 내려올 수 없는 구조로 되어 있습니다. 의자 앞의 식판이 안전 바 구실을 하기 때문입니다. 벨트를 매 아기가 떨어지지 않도록 되어 있는 의자도 있습니다. 그래서 아이는 식탁 의자를 답답해하고 구속으로 느끼기도 합니다. 그야말로 아이를 붙들어 앉혀 놓고 밥을 먹이는 것이지요.

아이가 먹는 양이 너무 적어 걱정이라면 식사 예절을 너무 강조하고 있지는 않은지 생각해 보세요. 밥은 반드시 식탁에서, 반드시 정해진 시간에 정해진 메뉴로만 먹게 하나요?

물론 그것이 원칙이죠. 하지만 아이는 밥이 싫어서가 아니라 그런 규칙들이 싫어서 밥을 안 먹을 수도 있습니다. 밥 먹는 일이 숙제나 군기 잡기가 아니라 즐거운 일이 되도록 하려면 조금은 자유롭고 풀어진 분위기에서 밥을 먹는 게 좋습니다.

예를 들어, 베란다에 앉아서 창문을 열고 밥을 먹으면 소풍 온 기분이 납니다. 좋아하는 장난감집 안에 들어앉아서 먹을 수도 있습니다. 실내 미끄럼틀 위에 앉아서 먹기를 좋아할 수도 있습니다.

아이와 엄마, 둘이서 밥을 먹는 점심 시간에는 이렇게 조금 풀어진 식으로 밥을 먹는 것도 괜찮습니다. 그렇지만 식사 도중에 이곳저곳 옮겨 다닌다거나 여전히 놀면서 입만 벌려 받아먹는 식으로 하면 안 됩니다. 장난감집 안에 들어앉아 먹어도 먹을 때는 먹는 일에만 열중할 수 있도록 해야 합니다.

친구가 먹으니까 나도! ✧ 또래의 점심 모둠을 만들어 보세요

아이는 혼자 먹을 때보다는 친구와 같이 먹을 때 더 잘 먹습니다. 친구와 함께여서 즐거운 걸까요? 또는 경쟁심 때문일까요? 어찌됐든 엄마 혼자서 아이랑 씨름하며 밥을 먹일 때보다는 또래 아이들끼리 모여서 밥을 먹을 때 훨씬 더 잘 먹는 것이 사실입니다.

실제로 놀이방이나 어린이집에 아이를 처음 보낸 엄마는 아이가 놀이방에서 밥 먹는 모습을 보고 많이 놀랍니다. 집에서는 절대 안 먹던 반찬도 잘 먹고 혼자 스스로 밥을 잘 떠먹거든요. 집에서보다 많이 먹기도 하고요.

그렇다면 같은 동네에 또래의 아이를 키우는 다른 엄마와 점심 모둠을 해 보는 것은 어떨까요? 하루는 이 집에서 그다음 날은 또 다른 집에서 점심 식사를 준비하는 것입니다. 사실 아이와 엄마, 단 둘이서 먹기 위해 점심 시간에 요리를 하는 건 번거롭습니다. 아이 쫓아 다니다 보면 음식 준비를 할 시간도 없고요. 그러니 돌아가며 점심 준비를 하면 엄마의 부담이 훨씬 덜하지요.

종일 아이와 둘이 집에만 있는 것도 답답한 일이니 점심 모둠을 하면 아이는 아이대로 엄마는 엄마대로 좋은 시간을 보낼 수 있습니다. 단, 아이 수가 너무 많으면 밥 먹는 일이 오히려 더 어려워질 수 있습니다. 너무 많은 사람이 모이면 번잡스럽고 아이도 흥분해서 밥을 잘 먹지 않습니다. 음식 준비도 만만치 않은 일이 되지요. 셋 정도의 아이가 모이는 것이 좋습니다.

점심 모둠을 할 때 정말로 중요한 것 한 가지. 먹는 양을 가지고 또는 어떤 반찬을 먹느냐 안 먹느냐를 가지고 아이를 비교하지 마세요. 앞서도 말했듯이 아이마다 먹는 양과 식성이 다른 것은 너무 당연합니다. 그저 맛있게 밥 좀 먹어 보자고 모이는 것이지 밥 먹기 올림픽에 나간 것이 아니잖아요?

온 가족이 즐거운 식사 ✧아이만 따로 먹이지 마세요

밥은 왜 먹을까요? 그저 먹고 살자고 먹는 건가요? 안 먹으면 죽으니까 어쩔 수 없이? 물론 아니죠. 밥 먹는 일은 즐겁습니다. 우선 미각을 자극하니 입이 즐겁고 식탁에서의 대화가 즐겁고 그 시간과 분위기 자체가 즐겁습니다.

오랜만에 만난 사람들끼리 '언제 밥 한번 먹자'는 말은 '같이 배를 채우자'가 아닌 '만나서 좋은 시간을 보내자, 더 좋은 사이가 되자'는 말입니다.

아이에게도 밥 먹는 즐거움을 알려 주세요. 밥 먹는 일이 온 식구가 함께하는 재미있는 행사라고 생각될 수 있도록 식탁 분위기를 즐겁게 만들어 주세요. 아이는 엄마, 아빠가 함께 놀아 주는 것을 가장 좋아합니다. 말 걸어 주고 같이 이야기하는 것도 좋아합니다.

그런데 대부분의 집은 어떻습니까? 아이 먼저 후딱 먹이고 어른은 나중에 먹거나 아니면 어른 먼저 먹고 아이는 나중에 줍니다. 아이랑 같이 밥을 먹으면 아이가 다 흘리고 쏟고, 애 먹이랴 나 먹으랴 정신이 없어서 밥이 입으로 들어가는지 코로 들어가는지도 모른다면서요.

하지만 얼른 먹어치워 버리는 밥상이 아니라 즐기는 밥상이 되려면 식구들의 밥상에 아이를 참여하게 하는 것이 중요합니다. 그 대신 이 경우에는 아이를 분위기의 중심에 두어야 한다는 것을 잊지 마세요. 어른들은 대화를 할 때 흔히 아이를 소외시킵니다. 엄마, 아빠가 가장 아이를 소외시킬 때가 언제라고 생각하나요? 다 같이 밥 먹을 때와 자동차를 타고 갈 때입니다. 이때가 부부들이 대화를 가장 많이 하는 때이거든요. 회사 이야기, 집안 이야기, 부부간에 할 이야기가 많다 보니 아이가 소외되는 것이지요.

아이와 함께 즐거운 식사를 하려면 어른들의 대화는 아이가 잠든 뒤로 잠시 미뤄 두세요. 대화에서 소외된 채 얌전히 밥만 먹기에는 우리 아이는 아직 어리답니다.

2 식사 예절이 엉망이에요

밥을 먹는다는 것은 집중을 요하는 일입니다. 어른은 밥 먹으면서 이야기도 하고 신문도 보고 TV도 보고 얼마든지 할 수 있지만 아이는 밥 먹는 일이 쉽지 않습니다. 먼저 제자리에 앉아서 밥 먹는 것이 아이에겐 참 어려운 일이라는 걸 엄마도 인정해야 합니다.

엉망으로 밥을 먹는 네 살,
솔이 이야기

폭격이라도 맞은 듯 엉망인 거실. 솔이 엄마는 기가 질린다. 바닥 가득한 밥풀, 한쪽 구석엔 뭔가를 쏟은 국물이 흥건하고 어질러 놓은 장난감들 사이사이로 오늘 저녁 메뉴들이 흩어져 있다. 시금치 나물 조각은 블록 통 속에, 김치 쪼가리는 장난감 트럭 위에 척 걸쳐진 식이다.

네 살 솔이가 한번 밥을 먹고 나면 온 집안은 엉망이 된다. 식탁 주변만이 아니라 거실, 방, 심지어는 욕실에까지 밥풀이 떨어져 있기 일쑤다. 솔이가 온 집안을 돌아다니면서 밥을 먹기 때문이다. 솔이는 밥을 먹으면서 소파 위로 기어 올라가고 장난감 칼을 휘두르며 커튼과 전투를 벌인다. 뿐만 아니다. '푸슝푸슝 쉬이잉 쾅!' 입으로 로켓탄을 쏘느라 입 안에 있던 밥풀들이 사방으로 발사된다.

솔이는 평소에도 활동량이 많은 편인데 밥 먹을 때는 유독 더 돌아다니는 것 같다. 그래서 솔이 엄마는 아이 밥 한 끼를 먹이고 나면 장거리 달리기라도 한 듯 지친다. 아이 뒤를 종종걸음 치며 따라다닌 거리가 도대체 얼마나 되는 건지 만보기라도 차고 재보고 싶은 마음이 든다. 계속 아이를 불러대느라 목까지 쉰 듯하다.
"솔이, 이리 와! 옷 갈아입게."
밥 한 끼 먹었을 뿐인데 옷도 갈아입혀야 한다. 머리부터 발끝까지 음식물 투성이기 때문이다. 하루 세 번 밥을 먹으니 옷도 세 번 갈아입는다. 아이 옷을 벗겨 주다 보니 내복 바지 속에까지 밥풀이 들어 있다. 아이는 밥 한 그릇을 다 먹었지만 이렇게 여기저기 묻히고 흘리고 나면 정작 밥은 반이나 먹었을까 싶다.
'애들이 다 그렇지. 그래도 안 먹지는 않잖아.'

아무리 좋게 생각하려 애써도 이건 아니지 싶다. 국물이 바닥으로 뚝뚝 떨어지는 식탁을 치우고 소파를 닦고 거실 바닥을 닦고 아이 옷을 갈아입히고 양치질해 주고 손, 발, 얼굴을 씻기고 설거지를 마치고 나니 밥 한번 먹은 뒤처리가 한 시간 반 이상이 걸렸다. 솔이 엄마는 드라마에서 아이가 식탁에 얌전히 앉아 자기 손으로 밥을 떠먹는 모습을 보면 신기한 생각이 든다.

얼마 전 장을 보러 갔던 할인매장의 푸드코트에서 신기한 광경을 보았다. 분명 솔이 또래밖에는 안 되어 보이는 사내아이가 자기 손으로 밥을 열심히 먹고 있었다. 옆에 앉은 엄마는 아이를 한 번 돌아보지도 않고 자기 몫의 밥만 먹고 있었다. 그런데 밥을 다 먹은 사내아이는 일어서서 식수대로 가더니 컵에 물 한 잔을 받아서 조심조심하며 가지고 왔다. 그리고는 아직 밥을 먹는 엄마 곁에 물잔을 놓아 주었다. 엄마는 웃으며 고맙다고 말하고 아이는 다시 식수대로 가서 제 몫의 물을 가져왔다.
솔이 엄마는 멍하니 입을 벌린 채 그 모습을 지켜보았다. 남이 밥 먹는 걸 쳐다보는 게 실례라는 것은 알지만 눈을 뗄 수가 없었다.
'저렇게 평화롭게 밥을 먹을 수도 있구나.'
솔이 엄마는 놀랍기도 하고 부럽기도 하고 자신이 무능력하게 느껴지기도 했다. 도대체 어떻게 키우면 아이가 저렇게 되는 건지, 솔이 엄마는 그 비결이 너무나 궁금했다.

돌아다니면서 먹어요

한 입 먹고 일어나서 돌아다니고, 서서 밥을 먹고, 입 안에 밥을 가득 문 채 칼싸움에 열중하는 아이.

흔히 볼 수 있습니다. 밥 먹는 일이 주가 아니라 다른 일을 하면서, TV를 보거나 장난을 하면서, 밥은 그저 부수적으로 곁들여 먹는 수준이지요.

사실 밥을 먹는다는 것은 집중을 요하는 일입니다. 어른은 밥 먹으면서 이야기도 하고 신문도 보고 TV도 보고 얼마든지 할 수 있습니다. 무슨 일을 '밥 먹듯 한다'는 말은 '자주 한다, 쉽게 한다'는 뜻이죠. 그만큼 쉬운 일이 밥 먹는 일이라는 것입니다. 하지만 아이는 밥 먹는 일이 쉽지 않습니다. 일단 아이는 숟가락질, 젓가락질이 서툴러서 매우 집중하지 않으면 밥과 반찬을 떠서 입 안으로 넣는 일 자체가 어렵습니다. 밥을 숟가락으로 뜨고(밥알을 흘리거나 밥그릇이 엎어지거나 합니다.) 성공적으로 입에 넣고(입으로 가는 도중에 또 반은 흘립니다.) 목에 걸리지 않도록 꼭꼭 씹어 삼키는 것은 대단한 일이죠. 30분을 한자리에 가만히 앉아서 이런 힘든 일(!)을 해낸다는 게 아이로서는 정말로 대단한 일입니다. 아이는 원래 한자리에 가만히 앉아 있길 힘들어하고 집중 시간도 몇 분 안 되거든요.

일단 제자리에 앉아서 밥 먹는 것이 아이에겐 참 어려운 일이라는 걸 엄마도 인정해야 합니다. 그렇지만 어렵다고 해도 할 일은 해야지요.

두 발로 걷는 일이 아이에겐 너무나 어려운 도전이지만 넘어지고 자빠지면서도 꾸준히 노력해 걷게 된 것처럼요. 제자리에서 밥 먹기도 엄마나 아이나 꾸준히 노력해야만 성공할 수 있는 과제입니다.

아이가 정신없이 돌아다니며 밥을 먹는다면, 일단 밥은 자기를 따라다니지 않는다는 것을 명확히 해야 합니다. 밥은 식탁에 있습니다. 아이가 돌아다니면서 밥을 먹는다고 엄마가 밥그릇을 들고 아이를 따라다니면 밥이 아이를 따라다니는 것입니다. 아이가 한 입 먹고 일어나도 또 한 입 먹으려면 식탁으로 돌아와야 하는 거죠. 그렇지 않고 엄마가 밥을 들고 따라다니면 아이는 식탁으로 돌아올 생각을 안 합니다. 일단 이런 식으로라도 시작해 보는 겁니다. 돌아다니며 먹느라고 밥을 1시간 먹는다면 식사 시간을 제한하는 것이 좋습니다. 시곗바늘이 어디까지 가면 밥을 치우겠다고 말하고 실제로 치웁니다. 그러면 아이가 식탁에 붙어 앉아 있는 시간이 조금씩 늘어날 것입니다.

또 하나, 밥 먹는 분위기를 차분하게 만들어 주는 것도 중요합니다. 아이의 식사 환경이 너무 정신없지는 않은지 살펴 보세요. 어른은 그냥 밥만 먹기는 심심해 TV를 틀어 놓거나 신문을 보거나 하면서 밥을 먹잖아요. 어른 먼저 그런 어수선한 환경을 정리하고 밥 먹는 일에 열중하는 모습을 보여야 합니다. TV도 끄고 장난감들도 치워서 아이가 다른 곳에 신경을 뺏기지 않도록 도와 줍니다.

또, 엄마가 밥 먹는 도중에 자주 식탁에서 일어나지 않도록 식탁 준비를 미리 잘 해 두는 것도 중요합니다. 마실 물이나 컵도 미리 갖다 두고 냅킨 등도 손 닿는 곳에 잘 준비해 둬 엄마가 먹다 말고 일어서는 일이 없도록 하는 거죠.

차분한 식사 환경을 만들면 아이가 돌아다니는 일도 줄어들 것입니다.

먹여 줘야 먹어요

"우리 애는 뭘 스스로 먹으려고 하지 않아요. 엄마가 먹여 주면 잘 받아먹긴 하지요, 하지만 제 손으로 숟가락질을 하려고 하지 않으니 일일이 떠 먹여 줘야 해요. 이제 다섯 살인데 아직도 그러니 큰일이에요."

밥상 앞에 앉아 두 손은 놀고 있으면서 입만 벌려 받아먹는 아이는 밥 먹는 습관이 그렇게 들어서입니다. 그런 습관은 누가 만들었을까요? 미안하게도 엄마입니다.

아이가 처음부터 받아먹는 것을 더 좋아했을까요? 아이는 이유식 시기에 혼자서 숟가락질하려는 시도를 분명히 했을 것입니다. 그 시기의 아이가 어른 흉내를 내는 것을 좋아하고 뭐든 자기 손으로 하겠다고 고집을 부리니까요. 그것이 자연스러운 발달 단계이고 바람직한 독립의 과정입니다. 그러나 아기들이 혼자서 숟가락질을 한다는 것은 쉬운 일이 아닙니다. 혼자 먹으라고 두면 입으로 들어가는 것은 반의 반도 안 되고 나머지는 다 아이의 얼굴에 옷에 식탁에 뭉개지고 심지어는 숟가락을 휘두르는 서슬에 천장에까지 음식이 들러붙기도 합니다. 엄마는 아이를 제대로 먹이려는 생각에 숟가락을 빼앗아 아기에게 음식을 먹여 줬겠지요.

엄마는 아이가 혼자 먹지 않아 일일이 떠 먹여 줘야 하니 너무 힘들고 성가시다고 말은 하지만 따지고 보면 혼자 먹는 것보다 엄마가 먹여 주는 것이 엄마에게도 훨씬 편합니다. 아이가 밥 먹고 난 뒤의 부엌 상태를 한번 보세요. 아이의 얼굴과 옷에는 밥풀이 잔뜩 엉겨 붙어 있고 식탁뿐만 아니라 바닥까지 음식물 찌꺼기 천지입니다. 밥 한번 먹고 나면 설거지뿐만 아니라 식탁 닦고 바닥 닦고 아이 씻기고 아이옷 빨고 그 뒷감당이 만만치 않습니다. 그러니 자꾸 먹여 주게 됩니다. 먹여 주면 시간도 그리 오래 걸리지 않고 처리할 뒷일이 없으니 엄마는 무의식적으로라도 자꾸만 먹여 줍니다. 그러면서 말하지요. "우리 애는 먹여 줘야 먹어요."

엄마 입장에서는 먹여 주는 편이 훨씬 편하고 에너지가 덜 드는 일입니다. 하지만 밥 먹는 일은 그냥 먹는 것에서 끝나지 않습니다. 모든 것이 다 그렇듯 아이에게는 먹는 일도 성장과 발달을 돕는 과정이고, 학습이고, 사회화의 기회입니다.

아이 스스로 먹게 하면 당장은 아이 치다꺼리에 힘이 들 수 있습니다. 먹여 주는 것에 익숙해진 아이는 스스로 먹으라고 두면 먹는 양이 확 줄 수도 있습니다. 먹여 달라고 떼를 쓸 수도 있습니다.

하지만 힘이 들어도 미래를 내다 본다면 그리고 아이를 위한다면 아이에게 숟가락을 쥐어 주세요. 그리고 내가 스스로 먹지 않으면 먹을 것이 저절로 입 안으로 들어오는 일은 없다는 것을 가르쳐 주세요. 어떻게? 한 입 먹고 일어서도 절대 먹여 주지 않는 거죠.

손으로 밥을 먹어요

무엇이든 손으로 집어 먹는 아이. 처음 몇 번은 숟가락으로 먹다가도 이내 숟가락을 집어던지고 손으로 집어 먹습니다. 못하게 말려도 보지만 다음 식사 때는 또 마찬가지입니다. 엄마 입장에서는 더러운 균이 들어갈 것 같기도 하고 밖에서 남들 보는데도 거북할까 봐 걱정됩니다.

하지만 손으로 밥을 먹는 것은 손만 깨끗하다면 너무 질색할 일은 아닙니다. 실제 손으로 밥을 먹는 문화권도 있잖아요. 아이가 손으로 먹는 것은 그것이 편해서이지 다른 이유는 없습니다. 손으로 먹으면 수저를 사용하는 것보다 덜 흘립니다. 아이가 흘리는 것에 너무 민감하게 반응하지는 않았나요? 아이 입장에서는 곡예 같은 숟가락질을 하느니 차라리 손으로 먹는 방법을 택했을 수도 있습니다. 빨리 먹고 싶은데 이놈의 숟가락질이 제대로 안 되니 내팽개친 것이지요.

그리고 아이도 언제까지고 손으로 먹지는 않을 것입니다. 아이도 어린이집을 다니고 학교를 가면 다른 친구들은 그렇게 하지 않는다는 것을 알게 되니까요. 숟가락 사용을 너무 강요하면 먹는 일 자체에 스트레스를 받을 수도 있습니다.

아예 손으로 먹기 쉽게 밥을 만들어 주면 어떨까요? 밥은 동그랗게 뭉쳐서 놓아 주고 스틱형 반찬을 만들어 주는 식으로요. 아이가 손으로 먹는다고 해서 어른이 자꾸 먹여 주는 것은 좋지 않습니다. 손으로 먹어도 일단 제 손으로 먹는 것이 더 중요하죠.

손으로 먹는 버릇을 고쳐 주고 싶다면, 아이만 사용하는 멋진 캐릭터 수저를 마련하는 식으로 수저 사용을 독려해 주세요. 아이 수저는 손잡이가 너무 길지는 않은지 숟가락이 너무 크지는 않은지 잘 살펴서 골라야 합니다. 숟가락으로 겨우 밥을 떴는데 입으로 가져가는 도중에 자꾸 떨어져 버린다면 성질 급한 아이는 숟가락을 내던지고 손을 사용하게 될 것입니다.

아이가 숟가락을 잘 사용하려면 그릇도 중요합니다. 아이 그릇은 떨어져도 깨지지 않게 플라스틱 제품을 사용하는 경우가 많은데요, 플라스틱 그릇은 너무 가벼운 것이 문제입니다. 그릇이 가벼우면 숟가락으로 밥을 뜰 때 그릇이 자꾸 움직입니다. 그러면 밥을 뜨기가 어려워지죠. 또 밑바닥이 좁고 위로 갈수록 넓어지는 밥공기는 숟가락질을 하면 자꾸 엎어지기도 합니다. 어른에게는 별것 아닌 밥그릇의 모양도 아이에게는 밥을 먹기 어렵게 하는 장애물이 됩니다. 아이의 밥그릇은 약간은 무게감이 있고 바닥이 안정감 있게 밀착되는 형태가 좋습니다. 깨지는 것이 염려된다면 유기나 놋그릇도 좋겠지요.

아이에게 일찍부터 젓가락을 사용하게 하면 머리가 좋아진다고 합니다. 젓가락질 연습을 할 수 있게 만들어진 아이용 젓가락이 있으니 사용해 보는 것도 좋습니다. 그러나 무엇보다 중요한 것은 아이가 스스로 하도록 내버려 두고 격려해 주는 것입니다. 숟가락, 젓가락질이 서툴러서 음식을 다 흘려도, 입으로 들어가는 것이 얼마 되지 않아도, 밥 먹는 시간이 너무 오래 걸려도 잔소리하거나 먹여 주어서는 안 됩니다.

음식 가지고 장난을 쳐요

옛날부터 음식 가지고 장난을 치면 어른들께 혼이 났습니다. 예전에 먹을 것이 귀했던 시절에는 그 귀한 음식을 먹지 못하게 만드는 것이니 정말 혼날 일이었겠죠.

그런데 아이 입장에서 보면 음식이라는 것은 장난감처럼 가지고 놀기에 퍽 좋은 재료입니다. 색깔도 알록달록하고, 질감도 다 다르고, 모양도 이리저리 변하고, 냄새도 있고 맛도 있습니다. 아이에게는 세상 어느 것도 다 장난감이 될 수 있습니다. 요리 재료들을 가지고 노는 것은 아이의 두뇌 발달에도 도움이 됩니다.

그러나 식사 시간에 음식을 가지고 먹지는 않고 장난만 친다면 곤란합니다. 음식 재료들을 가지고 노는 것은 식사 시간이 아닌 놀이시간에 해야 한다는 걸 명확히 하세요. 그러니까 놀이 시간에 밀가루 반죽을 주물러 볼 수는 있지만 밥 먹다 말고 밥 덩어리를 주물러서는 안 된다는 거죠.

아이가 음식으로 장난치기를 좋아한다면 아이에게 음식보다 더 재미있는 장난감을 알려 주세요. 음식처럼 던지고 으깨고 휘젓고 주물럭거릴 수 있는 것들은 많습니다. 물감이나 찰흙, 밀가루 반죽 등 물렁물렁하고 형태가 변하는 것들로 놀게 해 주세요.

너무 오래 먹어요

먹기는 먹는데 밥을 한 시간이고 두 시간이고 먹는 아이가 있습니다. 밥을 입에 물고만 있거나 새 모이 먹듯 밥알 몇 개씩만 입에 넣는 것입니다. 옆에서 지켜보는 엄마는 속이 터집니다. 아이가 일부러 늑장을 부리며 천천히 밥을 먹는 것으로 보이기 때문입니다. 엄마는 속이 터지지만 아이는 더 힘듭니다.

밥을 삼키지 않고 입에 물고만 있거나 숟가락질을 하는 것 같기는 한데 도대체 밥이 줄지 않는 아이는 소극적이나마 엄마에게 반항을 하고 있는 것입니다. 먹기 싫고 먹기 힘든데 엄마 때문에 어쩔 수 없이 먹는 것이지요. 어릴 때부터 엄마가 먹는 일에 과도하게 신경을 썼거나 너무 많은 양을 주었기 때문에 아이도 밥 먹기에 지친 것입니다. 아이는 밥을 먹기는 하지만 일부러 오래오래 먹으면서 무언의 항의를 합니다.

밥 먹기 싫어! 지겨워! 너무 많아!

사실 밥을 천천히 먹는 습관은 좋은 것입니다. 급하게 먹는 것보다 소화도 잘되고 비만해질 염려도 적습니다. 하지만 속도가 너무 느려서 밥을 먹는 건지 밥알을 세는 건지 모를 지경이 된다면 문제입니다. 어린이집에 다니는 등 단체 생활을 할 때도 밥을 너무 오래 먹는 습관이 있으면 적응이 어려울 수 있습니다.

어떻게 고쳐 주어야 할까요? 아이가 밥을 홀로 먹도록 내버려 두지 않아야 합니다. 밥을 먹여 주라는 것이 아니라 엄마도 함께 앉아서 밥을 먹어야 한다는 이야기입니다. 아이 얼굴을 바라보면서 엄마도 열심히 밥을 먹는 것을 보여 줍니다. 꼭꼭 씹어서 꿀꺽! 아이가 다른 것에 정신 팔지 않고 밥 먹는 일에 열중하게 하려면 엄마 역시 먹는 일에 열중해야 합니다. 아이가 밥을 먹는 옆에서, 엄마는 부엌을 정리하고 설거지도 하고 부산하게 돌아다니며 입으로만 '빨리 먹어' '얼른 먹어'라고 하면 아이는 빈 수저질만 계속합니다.

또 하나, 아이에게 너무 많은 양을 주지는 않는지 살펴 봅니다. 먹기도 전에 그 양에 질려 버리면 아이는 식욕이 뚝 떨어질 수 있습니다. 아이가 먹는 양이 엄마 성에 차지 않아도 조금 기다려 주는 것이 필요합니다.

식사 예절이 엉망인 아이를 도와주세요

아이의 발달 단계를 고려하세요

아이에게 밥을 먹이면서 '흘리지 마라, 꼭꼭 씹어라, 입 안에 든 거 다 먹고 말해라' 계속 잔소리하고, 밥 먹는 내내 한 손에는 두루마리 휴지를 들고 앉아 식탁에 흘린 것을 계속 닦고 치우며 아이와 실랑이하는 데 쏟는 에너지. 일단 밥을 먹고 난 다음에 아이 옷을 갈아입히고 아이를 씻기고 더러워진 식탁과 방바닥을 치우는 일에 쏟는 에너지. 어느 것이 더 엄마를 지치게 할까 생각해 보세요. 물론 둘 다 엄마를 지치게 합니다. 밥 한 번 먹는 일이 보통이 아니죠.

그럼 어느 쪽이 아이를 지치게 할까 생각해 보세요. 당연히 전자가 아이를 지치게 합니다. 밥 먹는 내내 식사 예절에 대해 잔소리를 하는 것은 공부하는 아이 옆에 붙어 앉아서 '그거 틀렸잖아, 그게 아니잖아, 그게 답이야?' 하며 잔소리하는 것과 같습니다. 아이가 공부를 하면 혼자 하게 내버려 두는 것도 좋은 방법입니다. 일단 공부는 하는 거잖아요. 틀린 문제가 있다면 나중에 고치면 됩니다. 공부도 지겨운데 계속 잔소리를 들으면서 한다고 생각해 보세요. 나중에는 공부 자체가 싫어집니다.

밥 먹는 일도 마찬가지입니다. 엄마가 너무 잔소리를 하면 아이는 밥 먹는 일이란 지겹고 하기 싫고 혼나는 일이라고 생각할 수 있습니다. 예의 바르게 먹는 것도 중요하지만 일단은 먹는다는 것 자체가 더 중요합니다.

그런데 언제까지나 멋대로 먹도록 놔둘 수는 없습니다. 크면 다 알아서 한다고 믿고 놔두었더니 초등학교 고학년이 되도록 돌아다니면서 엉망으로 밥을 먹는 아이가 있습니다. 그래서 엄마는 '당장은 힘들어도 지금 버릇을 들여 놓지 않으면 커서 고생'이라고 철썩같이 믿으며, 식탁 앞의 아이를 다그칩니다. '크면 저절로'와 '커서는 더 고생' 사이에서 갈팡질팡하는 엄마도 많습니다.

아이에게는 발달 단계라는 것이 있습니다. 그에 맞추어 엄마의 기대도 달라지는 것이 당연합니다. 18개월 정도면 아이는 대소변 훈련을 시작합니다. 이 시기 전에는 소변을 조절하는 능력 자체가 없습니다. 18개월에 대소변 훈련을 시작한다는 말은 그때부터 '할 수 있다'는 의미이지 그때가 되면 꼭 해야 한다는 것은 아닙니다. 아이마다 시기는 다릅니다. 18개월된 아기가 기저귀를 떼려면 몇 달이 걸리기도 합니다. 하지만 두 돌이 지난 아이는 며칠 만에 기저귀를 완전히 떼버릴 수도 있습니다. 아이가 더 발달을 했기 때문입니다. 물론 이것도 아이마다 다릅니다. 다 자기 때가 있는 것입니다. 네 살 아이가 한글을 떼려면 2년은 걸리지만 일곱 살이라면 두세 달 정도면 됩니다. 한글을 뗐다는 결과는 같은데 미리 당겨 아이를 오랜 기간 연습시킬 필요가 있나요?

선행학습이 워낙 유행이다 보니 먹고 배설하는 것까지 선행학습을 시키고 아이가 빠르다며 좋아하는 엄마도 있습니다. 일찍부터 버릇을 들이겠다고 해서 세 살짜리가 자기 자리에 똑바로 앉아 흘리지 않고 자기 몫의 음식을 군말 없이 먹어치울 거라고 기대하면 안 됩니다. 젓가락질을 가르치는 것도 이릅니다.

아이의 식사 예절을 탓하기 전에 내 아이가 몇 살인지, 아직 어린데 너무 과한 것을 바라지는 않는지 생각해 봐야 합니다.

식사 예절에도 균형이 필요해요

식사 예절을 강요하다 보니 아이가 밥 먹는 시간을 야단맞는 시간, 잔소리 듣는 시간으로 생각해, 아예 식욕 자체를 잃는 것은 문제입니다. 그래서 식사 문제에 있어서 만큼은 아이를 자유롭게 놔두는 엄마도 있습니다.

"먹는 것이 중요하지 다른 것들이 뭐 그리 중요하겠어요? 밥을 손으로 먹든 발로 먹든 먹기는 먹잖아요."

"먹여 주면 한 그릇 다 먹는데 혼자 먹으라고 두면 반도 못 먹어요. 예절보다야 먹는 양이 중요한 거 아니에요?"

맞는 말이긴 합니다. 그러나 먹는 문제는 길게 보아야 합니다. 아이가 지금 당장 먹는 한 끼의 양이 중요한 것이 아닙니다. 아이는 어른이 되고 노인이 될 때까지 먹는 일을 계속할 텐데, 어릴 때 몸에 밴 식습관은 그때까지 지속될 것입니다. 그리고 식습관은 평생의 건강을 좌우하는 것이기도 합니다. 그래서 어릴 때 식습관을 잘 익히는 것이 중요한 것이지요.

아이가 먹는 일은 발달 과정이기도 하고 사회화 과정이기도 합니다. 아이는 자라면서 또래들과도 함께 먹어야 하고, 다른 집에 가서 밥 먹을 일도 생기며, 외식도 하게 됩니다. 집에서는 맘껏 하고 싶은 대로 하며 먹다가 밖에 나가서는 달라지리라고 기대하면 안 됩니다. 밖에 나가서도 제대로 밥 먹기를 기대한다면 집 안에서 잘 가르치는 수밖에 없습니다.

또 먹는 일은 다른 것과도 연결되어 있습니다. 하고 싶은 대로 아무 절제 없이 먹는 아이가 다른 일, 예컨대 옷을 갈아입는 일, 씻는 일, 공부하는 일, 자기 물건 챙기는 일 등에서 절제를 하리라고 기대하기 어렵습니다. 식탁에서 마음 내키는 대로 하는 아이는 다른 일들도 내 마음대로 하겠다고 고집을 부립니다. 안 된다고 하면 저항감이 크겠지요. 식탁에서도 다른 일에서도 세상만사에는 규칙이라는 게 있고 절제라는 게 있다는 걸 알려 주어야 합니다.

무엇보다 아이가 예절을 잘 지켜 먹으면 엄마가 편합니다. 허구한 날 끈적끈적한 소파를 닦아 낼 일도 없고 머리카락에까지 붙은 밥풀을 떼어 내느라 고생할 일도 없습니다. 그런데 내가 좀 편하자고 아이를 닦달하고 이래라저래라 잔소리하는 것은 어쩐지 양심에 거리낀다고 말하는 엄마도 있습니다. 아이가 예절을 배운다는 것은 중요하지만 그 이유가 '엄마가 편하려고'인 것은 미안한 마음이 든다는 것이지요. 그러나 엄마가 몸이 피곤하지 않고 편안한 것은 정말 중요합니다. 엄마가 편하고 행복하고 즐거워야만 아이도 행복하고 편하고 즐겁습니다. 엄마가 몸이 힘들고 종일 집안일에 매여 있으면 짜증이 날 수밖에 없습니다. 엄마가 여유 있고 편안해야 아이에게 미소 한 번이라도 더 지어 줄 수 있습니다. 그래야 엄마와 아이 사이가 원만해지고 밥도 잘 먹게 됩니다. 아이가 식사 예절을 잘 지키면 매번 밥 먹을 때마다 엄마와 갈등을 겪지 않아도 되니 아이도 편안하고 즐겁습니다. 규칙과 절제, 예절은 아이를 피곤하고 귀찮게 하는 것이 아니라 행복하게 해 주는 것입니다.

안 먹으면 치워 버려라

'안 먹으면 밥을 치워 버려라.' 이것은 아이에게 밥을 먹이는 데 가장 중요한 원칙입니다. 하지만 엄마 입장에서는 쉬운 일이 아닙니다. 아이가 돌아다닌다고 밥을 치우고, 밥 가지고 장난친다고 치우고, 딴 짓 한다고 치우고, 투정 부린다고 치워 버리고, 이거 원 도대체 밥은 언제 먹이라는 거냐고, 만날 밥을 치워 버리는 것만 가르쳐 준다고 불뚝거리는 마음이 생길지도 모릅니다.

식사 습관을 잡는 것은 1, 2년 걸리는 일이 아닙니다. 습관 잡기가 너무 오래 걸릴 거라고 생각해서, 아이가 충분히 먹지 못하는 채로 자라게 될까 봐 아예 시도를 못하고 있지는 않나요? 아이의 습관 잡기는 놀랍게도 며칠이면 됩니다. 물론 더 오래 걸리는 아이도 있겠지요. 몇 주가 될지도 모르겠습니다. 하지만 그래도 앞으로 살 날을 생각해 보세요. 아이는 하루에 세 번, 일주일에 스물한 번, 일 년이면 천 번이 넘는 식사를 합니다. 몇 번만, 혹은 몇십 번만 '안 먹으면 치워 버리는' 식사 원칙을 지키면 몇천 번, 몇만 번의 식사를 제대로 하게 만들 수 있습니다.

엄마는 '먹는 태도'에 대해서만 간섭하세요

밥은 잘 먹는다고 해서 칭찬받을 만한 장한 일도, 잘 안 먹는다고 해서 혼날 만큼 잘못한 일도 아닙니다. 그런데 밥을 먹는 것 자체와 밥을 먹는 태도에 관한 것은 분명히 구분을 해야 합니다.

엄마는 "아이가 너무 안 먹어서 속이 상해요."라고 말하지만 실제로 밥상머리에서 왈칵 화를 내게 되는 상황을 떠올려 보세요. '먹어라, 싫다, 한 번만 먹어라, 싫다' 하면서 아이와 싸우면 안 먹어서 속상한 것보다 먹을 걸 가지고 부모에게 도전하는 것 같아서 속이 더 상합니다. 먹는 것까지 엄마 말을 듣지 않는다고 생각하면 확 열이 오르죠. 아이가 엄마 보는 앞에서 음식을 뱉어 버리거나 그릇이나 숟가락을 던지면 그 행위 때문에 화가 나는 것입니다.

이것은 안 먹는 것과는 또 다른 이야기입니다. 장난감을 던지거나 친구를 때리는 행동을 하면 안 되는 것처럼 식사 시간에도 하면 안 되는 행동이 있습니다. 엄마가 식탁에서 아이에게 화를 내고 야단을 친다면 이유를 분명히 해야 합니다. 안 먹어서가 아니라 해서는 안 되는 일을 했기 때문에 야단치는 것이지요.

아이를 키우면서 아이와 실랑이하지 않을 도리는 없습니다. 하지만 먹는 일에서는 되도록 그 자잘한 전투를 줄여야 합니다. 먹는 일과 주도권 다툼의 분리. 그것을 위해서는 다툼의 최초의 불씨, 즉 '한 입만 먹어라' '싫어' 이것을 시작하지 말아야 합니다.

결론은 또 같습니다. '억지로 먹이지 말라' '사정해서 먹이지 말라' '먹으라는 말 좀 그만해라'입니다.

3

편식이 심해요

엄마가 해 주는 반찬 한두 가지를 먹지 않는 수준을 넘어서 채소는 전혀 먹지 않는다거나 밀가루 음식만을 고집한다거나 고기만 먹으려고 한다면 그저 식성이라고 여길 수는 없습니다. 사람의 몸은 다섯 가지 영양소가 꼭 필요하고, 한 가지라도 모자라면 여러 가지 문제를 일으키기 때문입니다.

골라 먹기 대장, 일곱 살
민희 이야기

민희 엄마는 4시부터 저녁 준비를 시작했다. 오늘은 민희 아빠가 출장에서 돌아오는 날. 일주일 만에 식구가 모이는 것이니만큼 멋진 식탁을 준비하고 싶었다.

민희 엄마가 선택한 메뉴는 버섯전골. 배추, 무, 미나리, 쑥갓 등의 채소를 씻어 다듬고, 쇠고기를 저미서 갖은 양념을 해 두고, 말린 표고버섯은 물에 불리고, 느타리, 팽이버섯은 밑동을 다듬고 새송이 버섯은 길게 썰어 두고, 다시마를 우려 육수도 만들었다.

결혼 8년차 주부지만 이렇게 손이 많이 가는 음식을 할 때면 민희 엄마도 정신이 없다. 아직 식사를 하기도 전인데 설거지통에는 씻을 그릇이 수북하고 식탁 위도 갖가지 채소 자투리로 엉망이 되었다. 하지만 맛있게 먹을 식구들 생각에 민희 엄마는 두 시간 내내 서서 일하고 있다는 것도 잊고 있었다.

전골이 불 위에서 끓고 있을 때 전화벨이 울렸다.
"여보, 난데. 회사 사람들하고 저녁 먹고 들어갈게."
"지금 저녁 준비 다 했는데?"
"공항까지 마중 나왔는데 그냥 들어가기 뭐하네. 밥만 먹고 갈게."
민희 엄마는 기운이 쭉 빠졌다. 그럼 진작 전화를 하던지. 갑자기 결정된 일이라 어쩔 수 없다는 걸 알면서도 민희 엄마는 속이 부글부글 끓었다.
"민희야!"
그림을 그리는 딸아이를 부르는 목소리가 아무래도 곱지 않다.
"밥 먹어."
일곱 살 민희는 입이 짧아 뭘 맛나게 먹는 법이 없다. 밥 때마다 투정이 심해 민희 엄마는 식사 때면 그 투정을 받아 주느라 소화도 제대로 안 되는 것 같다.
"너 빨리 안 와?"
민희는 느릿느릿 다가와서는 식탁을 쓰윽 훑어보더니 말했다.
"나 우동."
"뭐?"
"나 우동 끓여 줘."
"이게 얼마나 맛있는 건데 우동을 찾니? 버섯이 얼마나 몸에 좋은데. 이 안에 고기도 있어."
"싫어, 나 우동 먹고 싶어."
"그럼 국물에라도 말아 먹어. 다른 반찬도 많잖아."
"싫어, 우동! 우동! 우동 아니면 절대 안 먹어."
"그럼 굶어!"

민희 엄마는 식탁을 치우기 시작했다. 입맛이 확 달아났다. 아무도 환영하지 않는 식탁을 준비하느라 두 시간이나 동동거린 것이 바보스럽게 느껴졌다. 민희는 "우동, 우동" 하며 계속 징징거렸다.

유난히 입이 까다로운 민희를 키우며 민희 엄마는 밥상을 뒤엎고 싶은 적이 한두 번이 아니었다. 성의를 가지고 이런저런 반찬을 만들어 놓으면 민희는 "햄 구워 줘.", "달걀 프라이해 줘." 하며 기운을 쏙 빠지게 만들었다.

국을 먹을 때도 당연히 파는 건져 냈고 콩나물국에서 콩나물을 몽땅 건져 내기도 했다. 잡채를 해 주어도 고명은 다 빼고 당면만 골라 먹었다. 심지어 피자를 먹을 때도 토핑한 것 중 옥수수 알은 가려 냈다. 무슨 더러운 것이라도 집어 내 듯이 조심스럽게 그런 것들을 가려 내는 민희를 보면 저렇게 밥을 먹어서 어떻게 살로 가겠나 싶다.

편식하는 아이가 대개 그렇듯 민희는 채소를 싫어한다. 특히 피망은 쳐다보지도 않는다. 토마토는 웩!이다. 브로콜리? 한 번도 먹여 본 적 없지만 아마도 안 먹을 것이다. 왜? 몸에 좋거든.

일부러 그러기라도 하는 것처럼 민희는 엄마가 오랜 시간을 들여 정성껏 해 준 음식, 몸에 좋은 음식은 거부하고 인스턴트나 면류의 음식만 좋아했다.

'편식도 어느 정도여야 말이지.'

오늘은 제대로 버릇을 잡아야지 결심하고 식탁을 치우고 있지만 민희 엄마는 아마도 조금 뒤면 아이에게 우동을 끓여 줄 것이다. 하나밖에 없는 딸내미가 아닌가.

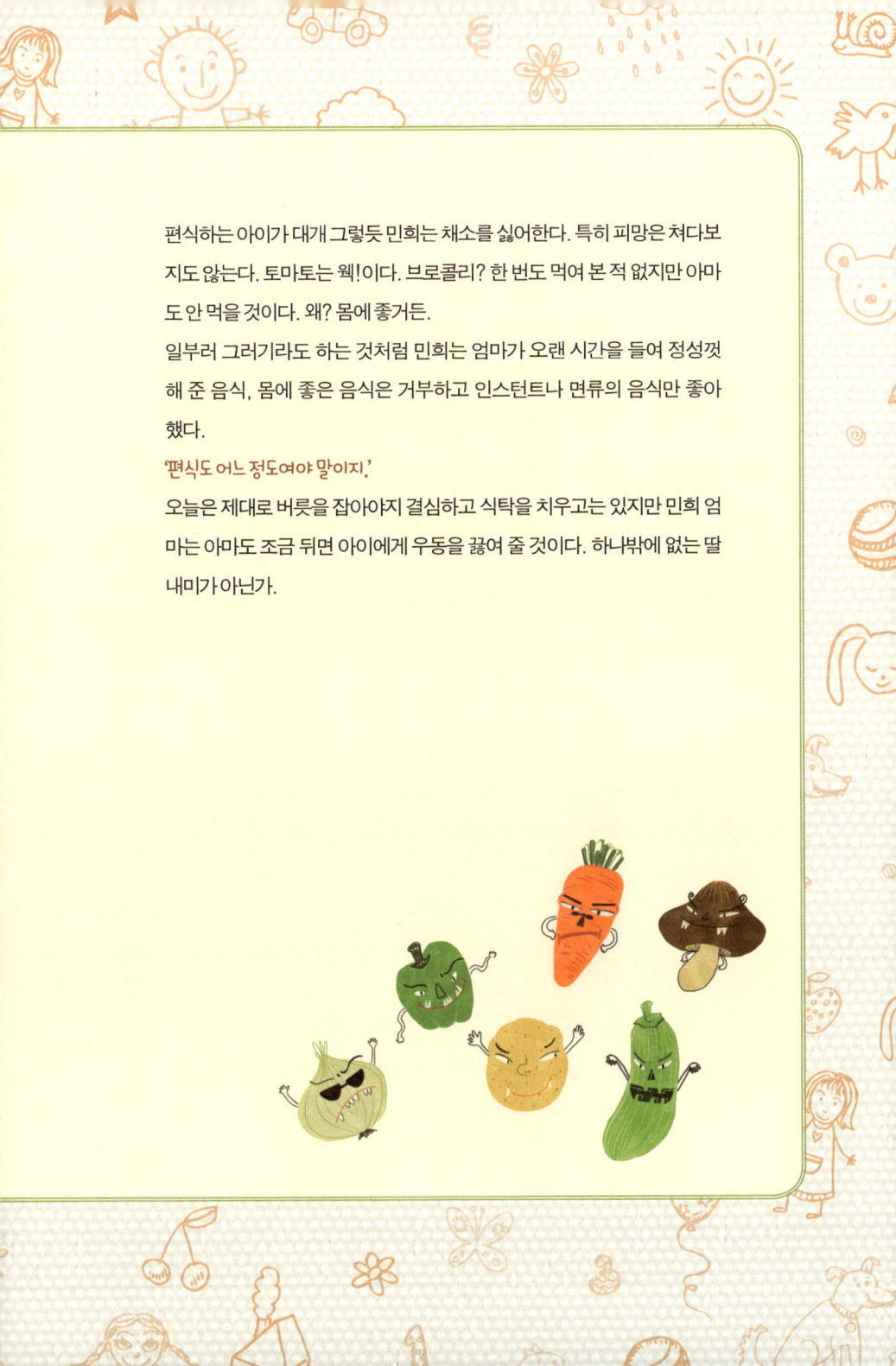

무엇이 편식인가요?

아이가 특별히 싫어하는 음식이 있다는 것은 놀랄 일이 아닙니다. 너무 당연하지 않나요? 사람마다 좋아하는 음식, 싫어하는 음식이 있는 것은 당연합니다. 어른도 내장탕이나 곱창전골, 순대 등을 먹지 못하는 사람이 많습니다. 크림스파게티, 치즈그라탕 등의 음식을 안 먹는 사람도 많습니다. 어떤 음식을 좋아하느냐 싫어하느냐는 순전히 그 사람의 기호이기 때문에 옳고 그름을 따질 수 없습니다. 그리고 내장탕이 아니어도 단백질을 섭취하는 방법은 매우 많습니다. 브로콜리가 좋은 식품이라고는 하지만 저는 브로콜리라는 채소가 있다는 것을 서른이 넘어 처음 알았습니다. 사람이 일생을 살면서 한 번도 먹어 보지 않는 음식과 식재료가 분명히 있을 것입니다. 그러니까 엄마가 해 주는 음식을 100% 다 먹는 것이 아니라고 해서 그것을 편식이라고 몰아붙이면 안 됩니다.

하지만 그렇다고 해서 아이가 원하는 것만 먹일 수는 없습니다. 아이는 하루 세 끼 국수만 먹겠다고 할 수 있고, 과자만으로 배를 채우려고 할 수도 있기 때문입니다.

엄마가 해 주는 반찬 한두 가지를 먹지 않는 수준을 넘어서 채소는 전혀 먹지 않는다거나 밀가루 음식만을 고집한다거나 고기만 먹으려고 한다면 그저 식성이라고 여길 수는 없습니다. 사람의 몸은 다섯 가지 영양소가 꼭 필요하고, 한 가지라도 모자라면 여러 가지 문제를 일으키기 때문입니다.

하지만 단백질, 탄수화물, 지방, 무기질, 비타민의 5대 영양소를 매끼마다 다 챙기려고 하는 것은 무리입니다. 엄마는 본인이 밥을 먹을 때는 그저 입맛에 맞는 것을 먹으면서도 아이 밥상을 준비할 때는 영양소를 따지느라 골머리를 앓습니다. '아연이 부족하면 아토피에 잘 걸린다는데.' '칼슘이 부족하면 화를 잘 내는 아이가 된다던데.' 넘쳐나는 건강 정보가 오히려 엄마에게 스트레스를 줍니다.

그런데 영양사가 아닌 이상 음식의 성분을 일일이 분석하고 계산해 식단을 짠다는 것은 어려운 일입니다. 한 끼에 모든 영양소를 다 챙겨 먹인다는 것도 힘들기는 마찬가지입니다. 일주일 정도를 단위로 해서 이런저런 반찬을 골고루 만들면 5대 영양소는 충분히 섭취할 수 있습니다. '아침에도 빵 먹었으니까 점심엔 국수 말고 밥 먹어야겠다.' '고기 먹은 지 며칠 됐는데 오늘은 불고기 좀 해야겠다.' 보통의 가정은 이런 식으로 식단을 짜는데 그것으로 충분합니다. 매끼마다 5대 영양소를 따져 식탁을 준비하고, 또 그 5대 영양소를 다 챙겨 먹이기 위해 아이를 다그치면 아이는 밥 먹는 일을 골치 아픈 '숙제'라 여길 수 있습니다.

아이가 이유식을 먹기 시작했을 때, 시판되는 이유식의 수십 가지 영양 성분표를 보고 깜짝 놀랐습니다. 비타민A, B, C는 말할 것도 없고, 비타민K_1, K_2(이런 것도 있구나 싶었습니다.) 카제인, 락토페린, 인, 아연, 칼륨, 요오드, 락트알부민, 펩타이드…. 내가 과연 이런 영양소들을

다 챙겨 먹일 수 있을까? 만들어 먹인다고 수선 피우지 말고 이런 이유식을 사다 먹이는 것이 아이에게 더 충분한 영양을 주는 게 아닐까? 아니면 영양보조제라도 먹여야 하는 것이 아닐까?

그런데 식재료에는 우리가 아는 것보다 훨씬 더 많은 영양 성분이 들어 있습니다. 시금치만 봐도 그렇습니다. 채소니까 비타민 정도만 생각하지요. 하지만 시금치에는 칼슘, 철분, 베타카로틴, 루테인, 페놀, 엽산 등이 들어 있고, 인삼에만 들어 있는 줄 알았던 사포닌도 들어 있습니다. 그리고 감자에는 무려 60종의 식물성 화합물 성분이 들어 있대요. 그러니까 여기저기서 들려오는 수많은 어려운 영양소 이름에 기죽지 않아도 됩니다. 아이에게 감자 하나를 쪄 먹여도 60가지 성분을 먹이는 셈입니다.

결론적으로 말하면 아이에게도 입맛이 있습니다. 아이라고 해서 모든 음식을 다 잘 먹어야 하나요? 오히려 아이는 거의 모든 음식이 다 새롭기 때문에 거부감도 더 심할 수 있습니다. 특정한 한두 가지의 음식을 먹지 않는다고 해서 '편식하면 안 된다'며 아이에게 먹기를 강요하면 아이는 식탁에서 점점 더 멀어질 것입니다.

왜 편식을 할까요?

아무것이나 잘 먹는 아이가 있고 모든 음식에 까다롭게 구는 아이가 있습니다. 우리 큰 아이는 한참 놀이에 빠져 있을 때, 입 안에 음식을 쏙 넣어 주면 화들짝 놀라 "풰!" 뱉어 버립니다. 그리고는 엄마가 못 먹을 것을 준 것은 아닌지 자세히 살펴 봅니다. 작은 아이는 지나가며 먹을 것을 입에 쏙 넣어 주면 일단 씹어 삼키고는 "엄마, 이거 뭐야?"라고 물어봅니다.

그것은 그저 '차이'일 뿐입니다. 아이의 기질이 원래부터 다른 것입니다. 잘 안 먹는 아이는 까다롭습니다. 촉각이나 미각에 민감하여 입 안에 들어온 음식의 느낌이 조금만 이상해도, 맛이 조금만 낯설어도 뱉어 버립니다. 처음 보는 음식에도 잘 적응하는 아이가 있는 반면에 음식을 보면 모양, 냄새를 자세히 살피고 촉감과 맛도 잘 살펴 한 가지라도 마음에 안 드는 구석이 있으면 거부하는 아이도 있습니다.

정성껏 만들어 준 음식을 아이가 잘 안 먹으면 엄마는 속이 상합니다. 당연하지요. 그런데 이것이 발전을 합니다. '그 음식이 싫은가 보다'에서 끝나지 않고 '내가 해 준 음식이 맛이 없나?' '내가 무엇을 잘못했을까?' '엄마를 싫어하나?' '엄마를 무시하는 거야!'까지 확대됩니다. 속이 상하는 데서 그치지 않고 아이에게 화가 나고 좌절감도 느낍니다. 그래서 아이에게 영양가 있는 음식을 골고루 먹이려는 의도는

간 데 없고 '버르장머리를 고치기' 위해 음식을 강요합니다.

먹는 일은 그저 먹는 일일 뿐입니다. 확대해석하지 말아야 합니다. 편식은 고쳐야 하지만 그것은 건강을 위해서입니다. 고분고분한 아이로 만들기 위해 편식을 고치려 한다면 너무 갈 길이 멉니다.

내가 무엇을 잘못했기에 아이가 이렇게 까다로울까 고민할 것도 없습니다. 그저 조금 까다롭게 태어났다고 생각하면 됩니다(원래 그렇게 태어났다고 하면 엄마는 아이를 임신했을 때 내가 무엇을 잘못했을까를 또 고민합니다. 엄마 마음이 그렇지요).

그러면 또 '왜 하필 나에게 까다로운 아이가 태어났을까?'라고 생각하나요? 그것은 어차피 선택 사항이 아니었습니다. 그래도 그다지 억울할 건 없죠. 선택할 수 없었던 것은 아이도 마찬가지니까요. 태어나 보니 당신이 엄마였을 뿐입니다.

아이의 편식을 막는 비장의 기술

식탁에서 엄마는 독재자

아이라고 해서 의견을 무시하고 아이라고 해서 모든 것을 엄마가 대신 결정해 주는 것은 옳지 않습니다. 아이도 나름대로 생각이 있고 자기의 일을 스스로 선택할 권리가 있습니다.

그렇다면 식탁에서도 그럴까요? 그렇지 않습니다. 엄마는 식탁에서 독재자가 되어야 합니다. 아이에게 주도권을 뺏기지 않는 것은 정말로 중요합니다. 특히 메뉴 선택에 있어서는 더더욱 그렇습니다.

민주적이고 아이의 의견을 존중하며, 성실하고 아이를 사랑하는 엄마는 이렇게 묻습니다.

"오늘 저녁에 뭐 먹을래?"

어떤 대답을 기대하나요? 아이가 된장국이나 비빔밥을 선택하리라고 생각하나요? 하지만 아이의 선택은 다릅니다.

"피자!"

"라면!"

"과자!"

이럴 때 엄마는 당혹스럽지요.

"안 돼, 그런 거 말고."

아이는 배신감을 느낄 수밖에 없습니다. 선택하라고 해 놓고 선택을 무시해 버리니 화가 나기도 하지요. 그러려면 왜 물어 봤냐고요!

아이에게 영양 균형과 칼로리와 소화 흡수를 고려한 메뉴를 선택하라고 하는 것은 무리입니다. 메뉴 선택은 '엄마'가 하는 것입니다. 아이에게 선택권을 주면 아이는 하루 세 끼를 과자만 먹을 수 있습니다. 혹은 아빠 음식 따로, 큰 아이 음식 따로, 작은 아이 음식 따로 한 끼에 여러 가지 메뉴를 준비해야 하는 사태가 생길 수도 있습니다.

무엇을 먹을 것인가는 엄마가 결정하고 얼마나 먹을 것인가를 아이가 결정하는 것이 원칙입니다. 물론 조금 큰 아이의 경우라면 두 가지 메뉴 중에서 고르라고 하는 정도는 가능합니다. 또 외식을 하러 나갈 때도 아이의 의견을 고려하는 것이 좋습니다. 외식 메뉴를 고르는 일은 단순히 '어떤 음식을 먹을까'의 의미를 넘어서 '어디로 나들이를 갈까'의 의미도 담고 있으니까요.

칭찬 품앗이 · 소식 전하기 칭찬으로 편식을 고쳐 주세요

아이가 음식을 한 입 먹을 때마다 호들갑스럽게 놀라고 칭찬하는 엄마가 있습니다. "어머나 세상에, 시금치도 먹을 줄 아네. 우리 아기 다 컸네. 옳지, 옳지 잘 먹네…."

칭찬과 격려는 아이를 키우는 양분입니다. 밥만큼이나 중요하죠. 그래서 엄마는 한 숟가락이라도 더 먹이기 위해 싫어하는 음식을 아이 입에 넣기 위해 원맨쇼 수준의 수선을 피웁니다.

그런데 아이는 엄마의 목적을 알고 있습니다. 엄마가 이걸 먹이기 위해 일부러 그런다는 것쯤은 훤히 꿰뚫고 있습니다. '옳지, 착하지'가 통하는 것도 세 살까지입니다.

또 누누이 말했다시피 먹는 일을 칭찬이나 비난의 대상으로 삼아서는 안 됩니다. 시금치를 먹었다고 칭찬을 퍼부으면 아이는 다음에 시금치를 먹고 나서 대가를 요구합니다. '내가 이토록 장한 일을 했으니 뭔가 물질적 보상을 해다오.' 하는 거죠.

그렇다면 도대체 어떻게 해야 시금치를 먹게 될까요. 편식을 고치는 데 칭찬과 격려는 여전히 강력한 수단입니다. 방법은 칭찬 품앗이를 하는 것입니다. 엄마가 아이 면전에서 하는 칭찬보다는 이웃 아주머니나 할머니가 하는 칭찬이 훨씬 효과가 큽니다.

"민희는 시금치도 잘 먹는다면서? 정말 대단하네."

엄마는 그저 별것 아니라는 듯이 넘어가 주면 됩니다. 식구들뿐만 아니라 주변 사람들이 다 놀라워하면 아이는 자긍심을 가집니다. 엄마는 이웃집의 다른 아이를 칭찬해 주세요. 품앗이를 하는 거죠.

또 '소식 전하기 칭찬'도 효과가 강력합니다. 소식 전하기 칭찬이란 아이 면전에서 하는 칭찬이 아니라 누군가에게 아이의 소식을 전하듯이 하는

칭찬을 말합니다. 저녁 식사 후 할머니에게 전화를 걸어 "어머니, 민희가 오늘 시금치를 먹더라구요. 이제 정말 많이 컸어요." 이웃 아주머니들과 얘기하며 "우리 애는 아무거나 잘 먹어요. 시금치도 먹구요." 하는 것이지요. 아이는 안 듣는 것 같아도 다 듣고 있습니다.

이런 간접 칭찬은 엄마가 직접 하는 과장된 칭찬보다 훨씬 더 효과를 볼 수 있습니다.

안 먹는 음식에 집착하지 마세요

식탁을 스윽 살펴본 아이가 선언합니다.
"시금치는 안 먹어!"
그러면 엄마는 이렇게 반응하지요.
"왜? 시금치가 얼마나 몸에 좋은데? 뽀빠이 아저씨가 시금치 먹어서 그렇게 몸이 튼튼해진 거야. 시금치를 먹으면 키도 쑥쑥 크고 머리도 좋아져. 한 번만 먹어 봐."
"시금치 싫어!"
"착한 애는 편식 안 하는 거야. 시금치 먹어."
"시금치 절대 안 먹어."
"먹어! 시금치!"
이렇게 밥 먹는 내내 시금치 시금치 노래를 하는 것, 이것이 편식의 굴레에 말려 들어가는 지름길입니다. 먹어라, 싫다, 한 번만 먹어라, 하는 식으로 그 음식에 집중을 하게 되면 아이는 긴장이 생기고 그러면 고집을 부립니다.

밥을 안 먹는 것에 대해 무심히 대하는 것이 가장 좋은 처방이듯이 안 먹는 음식에 대해서도 무심히 대하는 것이 가장 좋습니다.

"시금치는 싫어!"라고 말하면 그저 "응, 그렇구나." 하는 정도로 넘어가는 것이 좋습니다. 아이가 적대감을 가지고 시금치를 노려보고 있으면 다른 반찬으로 관심을 돌려 줍니다. 엄마가 그다지 중요하게 여기는 것 같지 않으면 아이의 경계심도 무뎌집니다. 그래서 '저건 절대 먹지 말아야지. 내가 이기나 엄마가 이기나 두고 보자.' 하는 결심도 허물어질 수 있습니다. 어쩌다 먹게 될 수도 있는 것입니다.

아이에게 강요하지는 말되 다른 식구들은 시금치를 맛있게 먹는 것도 방법입니다. 젓가락에 돌돌 말아 사탕처럼 쏙 빼 먹는다든지 하면서 재미있고 맛있게 아이 보란 듯이 먹는 것입니다.

시금치에 대해 흥미를 보일 수 있는 다른 설명을 해 주는 것도 괜찮습니다. '영양소가 무엇 무엇이 있으니 반드시 먹어야 한다'는 설명이 아니라 이건 푸른 색이어서 토끼가 먹는 밥처럼 보인다거나, 누구의 겨울 코트 색깔과 비슷하다거나 하는 부담이 되지 않는 이야기들로 흥미를 불러일으키는 것도 좋습니다.

중요한 것은 여러 노력을 했는데도 아이가 안 먹는다면 어쩔 수 없다고 지나가야 한다는 것입니다. 엄마 아빠는 아이에게 시금치를 먹이기 위해 별별 쇼를 다 했는데도 아이가 쳐다보지도 않는다, 그래도 할 수 없는 일입니다. '이래도 안 먹어?' 하면서 화를 내지는 말아야 합니다. 화를 내면 이제까지 한 별별 쇼가 도로아미타불이 되어 버립니다.

설득·설명은 식사 시간이 아닌 때 합니다

편식을 하면 안 되는 이유, 채소를 먹어야 하는 이유, 우리 몸에서 각종 영양소가 하는 역할 등을 쉬운 말로 설명하고 설득하는 과정도 중요합니다. 단 이것은 식사 시간이 아닌 때 하는 것이 더 좋습니다. 눈앞에 시금치가 있는데 시금치의 성분, 시금치가 우리 몸에서 하는 역할 등을 죽 읊은 다음에 '자 이제 어떻게 해야 할지 알겠지?' 하는 눈빛으로 아이를 바라본다면 아이가 얼마나 부담을 느낄까요? 그게 말이 좋아 설명이고 설득이지 먹으라는 강요와 하나도 다를 것이 없습니다.

식사 시간이 아닌 때, 또는 식사 시간이라고 해도 당장 눈앞에 있지는 않은 음식을 설명해 주는 것이 좋습니다. 아이라고 해서 못 알아듣지는 않습니다. 무엇이 좋은지 무엇은 왜 좋지 않은지 설명을 하면 대부분 알아듣고 인정도 합니다.

'말로 설명을 한다'는 건 참 중요한 일입니다. 이것은 무슨 문제가 생겼을 때 그것을 대화로 풀어가는 연습을 하는 것입니다. 아이가 흔히 쓰는 무작정 떼쓰고, 고집부리고, 우는 방법이 아닌, 그리고 엄마가 흔히 쓰는 큰 소리로 윽박지르고, 협박하고, 벌주는 방법이 아닌 대화로 이 문제를 풀어 가자는 양자의 노력인 것입니다. 엄마가 말을 하면 아이도 말을 합니다. 아이의 말을 듣다 보면 의외의 사실을 발견할 수도 있습니다. 아이가 무작정 먹지 않겠다고 하는 것이 아니라 엄마가 모르는 새로운 이유를 들을 수도 있는 것입니다. "그렇지만 두부는 너무 뜨겁단 말이야!" 아이는 이렇게 말할 수도 있습니다. 두부는 뜨겁죠. 찌개에 넣어 끓이거나 기름에 굽거나 했으니까요. 다음부턴 두부를 식혀서 주면 간단합니다. "시금치는 목에 걸릴 것 같아."라고 한다면 "그래, 그럼 다음엔 시금치를 잘라서 무쳐 보자." 같이 해결책을 낼 수 있습니다.

물론 설명을 한다고 해서 아이가 다 설득되는 것은 아닙니다. 다 알아들은 것처럼 말해 놓고도 다음에 그 음식이 식탁에 올랐을 때 언제 그랬냐는 듯이 또 거부할 수도 있습니다(그럴 공산이 큽니다). 그럼에도 불구하고 '설명하기'는 중요합니다. 이것은 엄마와 아이 사이에 생긴 문제를 풀어가는 제1의 원칙이니까요.

다른 방식으로 조리합니다

우리 큰 아이는 시금치된장국은 먹지만 시금치나물은 먹지 않습니다. 뭐 어떻습니까? 어쨌든 시금치를 전혀 안 먹는 것은 아닙니다. 꼭 한 가지 조리법을 고집할 필요는 없습니다. 책에 나온 요리법대로 요리할 필요도 없습니다. 색깔이나 모양이 조금 안 어울리는 듯해도 이것저것 섞어서 아이가 먹지 않던 음식도 얼떨결에 같이 먹게 된다면 좋은 일입니다. 고정관념을 갖지 않으면 음식이란 무궁무진합니다. 한 가지

재료로 수십 가지의 음식을 만들 수 있습니다.

음식에 대한 고정관념을 없애는 것이 필요하듯 아이에 대한 고정관념도 없애야 합니다. '우리 애는 당근은 절대로 안 먹어.' 하고 생각하는 것도 엄마의 편견일 수 있습니다. 채 친 당근은 안 먹어도 꽃 모양 당근은 먹을 수도 있습니다. 그리고 어느 순간 아무 이유 없이 토끼처럼 날당근을 씹어 먹을 수도 있습니다.

엄마가 편견을 갖지 말고 자꾸만 반복적으로 시도해 보세요. 조리법도 바꾸고 모양도 바꾸면서 자꾸만 줘 보는 것입니다. 단 이때에도 당근에 집중해서는 안 됩니다. '얘가 과연 당근을 먹는지 안 먹는지 보자, 또 안 먹네. 이렇게까지 했는데도 안 먹다니 너무하다.' 이런 생각은 속으로만 하세요. 아이 앞에서는 아이가 당근을 싫어한다는 사실을 엄마는 꿈에도 모른다는 듯한 태도가 좋습니다. 엄마가 당근에 집착하면 아이는 '난 당근을 싫어하는 아이야, 원래 싫어했어. 당근은 끔찍해.' 하는 생각을 자꾸만 하게 됩니다.

당근에 대해 무심하면 오히려 아이는 당근에 관심을 갖게 될 수도 있습니다. 중요한 것은 포기하지 않는 것입니다. 모양과 조리법을 바꿔가며 자꾸 주다 보면 언젠가는 당근에 손이 갈 날이 있을 것입니다.

당근   당근 케이크   당근주스   당근 넣은 달걀말이

편식하는 아이를 도와주세요

반찬 없이 밥만 먹어요

어른은 밥과 반찬을 같이 먹습니다. 밥맛으로도 먹고 반찬 맛으로도 먹지요. 그런데 아이는 그게 쉽지 않습니다. 혼자 먹으라고 두면 열심히 밥만 퍼먹는 아이가 많이 있습니다. 숟가락질이 서툰 아이는 밥 위에 반찬을 얹어서 먹는 것이 어렵고, 입에 밥을 물고 또 다시 반찬을 입에 가져가는 일도 쉽지가 않습니다. 그리고 이유기를 거친 아이는 반찬의 질감보다는 밥의 질감이 훨씬 더 익숙하기도 할 것입니다.

그래서 엄마는 주로 국에 말아주는 방법을 많이 씁니다. 아침에는 콩나물국, 점심에는 미역국, 저녁에는 북엇국…. 하지만 국에 말아 먹는 습관은 좋지 않습니다. 국물과 같이 밥을 먹으면 잘 씹지 않고 그냥 꿀꺽 삼키게 됩니다. 위에 국물이 많이 들어오면 소화액이 희석되어 소화가 잘 안 되기도 하구요. 그리고 우리나라 국에는 소금이 너무 많이 들어간다고 하네요.

반찬 없이 밥만 먹는다면 해결책은 의외로 간단합니다. 밥을 영양가 있게 지어 주면 되잖아요. 처음에는 질감이나 맛에서 밥과 잘 어우러지는 재료들을 사용하고, 그 후에 점점 더 이런저런 반찬거리들을 섞는 방법을 써 보세요.

김치는 절대 안 먹어요

우리나라 밥상에 사시사철 하루 세 끼 빠지지 않고 올라오는 반찬이 김치입니다. 김치가 영양학적으로 얼마나 훌륭한 음식인지는 더 말할 필요도 없을 것입니다.

하지만 김치라면 무조건 고개를 돌리는 아이가 있습니다. 아이가 김치를 잘 먹지 않는 이유는 맵기도 하고 김치 특유의 신맛이 싫기도 해서입니다.

그래서 엄마는 김치를 물에 씻어 주기도 하는데요, 김치의 영양은 다 섭취하면서도 맛은 확 달라지는 요리를 통해 아이를 김치와 친하게 만들어 주세요.

채소는 절대 안 먹어요

편식하는 아이가 공통적으로 안 먹는 것이 채소입니다. '우리 아이는 편식이 너무 심해요. 채소만 먹거든요.' 하는 말은 들어 본 적이 없습니다.

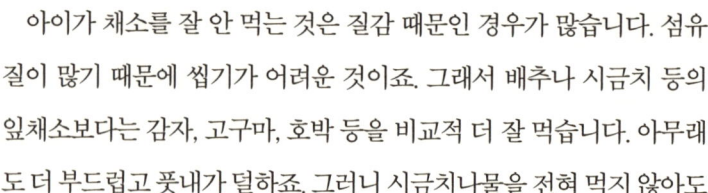

아이가 채소를 잘 안 먹는 것은 질감 때문인 경우가 많습니다. 섬유질이 많기 때문에 씹기가 어려운 것이죠. 그래서 배추나 시금치 등의 잎채소보다는 감자, 고구마, 호박 등을 비교적 더 잘 먹습니다. 아무래도 더 부드럽고 풋내가 덜하죠. 그러니 시금치나물을 전혀 먹지 않아도 감자조림이나 삶은 당근 등을 먹는다면 너무 걱정할 필요는 없습니다.

　채소를 먹이는 방법은 '골라 낼 수 없도록' 만드는 것입니다. 도저히 골라 낼 수 없게 잘게 잘라 섞어 먹이는 것이죠. 또는 완전히 다져서 도저히 원재료를 알 수 없게 만드는 방법도 있습니다. 그렇다고 즙을 내서 먹이는 것은 바람직하지 않습니다. 즙을 내면 섬유질이 다 파괴되기 때문입니다.

　그렇다면 채소 대신 과일을 먹이는 것은? 그것도 좋지 않습니다. 채소는 채소고 과일은 과일입니다. 과일에도 비타민, 섬유질이 많이 있지만 당분도 많이 들어 있습니다. 과일을 너무 많이 먹으면 밥을 잘 안 먹게 되지요. 과일은 간식이지 주식으로 먹일 수는 없습니다.

면만 먹으려고 해요

　유난히 국수나 우동류의 면만 먹으려고 하는 아이가 있습니다. 잘 안 먹는 아이도 대개 면 종류는 좋아합니다. 후루룩 면을 빨아들여 먹는 것이 재미있게 느껴지는 모양이에요. 하지만 밀가루는 찬 성질이어서 소화가 잘되지 않습니다. 게다가 수입 밀가루는 장기간의 운송을 위해 방부제를 아주 많이 섞는다고 합니다.

　늘 밀가루로 만든 국수나 우동만 먹고 있다면 재료 자체를 바꿔 보세요. 밀가루국수 대신 쌀국수를 선택하고 감자가루로 만들었거나 콩가루가 섞인 칼국수를 먹이는 식이죠.

또 고명을 적절히 활용하는 것도 중요합니다. 고명을 건져 내어 먹는 아이라면 눈에 띄지 않게 하는 방법도 있습니다. 예를 들어 국수 안에 팽이버섯을 가닥가닥 넣으면 아무리 잔뜩 넣어도 아이는 알아채지 못합니다.

콩은 절대 안먹어요

밥그릇에 얼굴을 박고 식사 시간 내내 콩을 골라 내느라 여념이 없는 아이. 그러나 엄마는 콩이 얼마나 좋은 음식인지 알기 때문에 콩을 포기할 수가 없습니다.

콩은 맛이 특별히 강하지는 않아서 밥에 섞어 먹는 것이 가장 무난합

니다. 콩을 골라내지 않고 콩밥을 먹게 하려면 콩을 부수어 밥에 넣는 방법이 있습니다. 그런데 콩을 믹서나 블랜더로 갈면 너무 가루가 되더군요. 이럴 땐 작은 절구에 콩을 넣고 찧어서 조각내는 것이 좋습니다. 잡곡 파는 곳에 가면 조각낸 콩을 팔기도 합니다.

　콩은 꼭 콩으로만 먹지 않아도 됩니다. 콩으로 만든 아주 좋은 음식인 두부가 있으니까요. 두부나 두유 등 콩을 원료로 한 음식들을 이용하면 양질의 콩 단백질을 섭취할 수가 있습니다.

4
아이와 외식하려면 전쟁이에요

아이에게 외식은 새로운 곳으로의 나들이요, 탐험입니다. 흥분이 안 될 수가 없습니다. 식구끼리만 가는 것이 아니라 친척, 지인들끼리의 모임이라면 아이가 더 흥분되는 것은 당연합니다. 하지만 아이가 어른들의 모임에 방해가 되고 다른 테이블 손님들에게도 폐를 끼친다면 모처럼의 외식이 엉망이 될 것입니다.

외식은 꿈도 못 꾸는,
쌍둥이 엄마 이야기

네 살짜리 쌍둥이 승훈이, 지훈이 엄마는 시어머니 생신을 앞두고 이만 저만 걱정이 아니다. 날도 덥고 집도 좁은데 이번 생신은 식당에서 치르자고, 큰 동서가 전화를 걸어온 것이다.

시어머니는 형제가 많으신 데다 자녀도 2남 4녀를 두셔서 무슨 행사 때 친척들이 한번 모이면 그야말로 시골 장터가 따로 없을 지경이다. 명절 증후군이라는 말이 있듯이 승훈 엄마는 집안 행사가 있으면 그 며칠 전부터 두통이 몰려오곤 했다.

식당에서 잔치를 하면 차려입고 가서 주는 밥만 먹고 오면 되는 것이니 무슨 걱정이랴 하겠지만 승훈 엄마는 그것 역시 앞이 캄캄하다. 승훈 엄마가 걱정하는 것은 바로 아이들이다. 쌍둥이 사내 아이 둘. 이 아이들을 데리고 다닌다는 것은 양 옆구리에 폭탄 하나씩을 끼고 다니는 것과 다름이 없다.

얼마 전 친척의 결혼식 때만 해도 그랬다. 쌍둥이 아이들은 식장에서도 내내 사람들 사이를 뛰어다니고 큰 소리를 내서 결혼식 분위기를 어수선하게 만들더니 피로연 자리에서는 사고를 치고 말았다. 둘이서 장난을 치다가 김치 그릇을 엄마 한복 치마에다 엎어 버리고 만 것이다. 이번 결혼식 때문에 일부러 맞춘 한복이었다. 결혼할 때 맞춘 한복이 있었지만 아이까지 둘 생긴 마당에 새색시들이 입는 녹의홍상을 입는 것도 민망하고 앞으로도 시누이들 결혼이 줄줄이 터라 큰 마음 먹고 마련한 옷이었다. 연한 분홍색 치마에 번지는 벌건 김칫국물 자국을 보며 승훈 엄마는 그만 비명을 지르고 말았다. 그 순간 손님들이 조용해지며 모두 돌아보는 바람에 얼굴까지 김칫국물처럼 벌게졌다.

승훈 엄마는 그때를 생각할 때마다 아직도 얼굴이 벌개진다. 이번에도 비슷한 일이 또 일어나지 말라는 보장이 없다. 아이들은 테이블 사이를 돌아다니며 민폐를 끼칠 것이고 아이들을 잡으러 다니느라 엄마인 자신도 식당 구석구석을 누비게 될 것이며 그래서 말 그대로 음식이 입으로 들어가는지 코로 들어가는지도 모르게 될 것이다.
그래도 비싼 식당에 가서 비싼 음식 먹는데 아이들을 굶기기는 아깝고, 조금이라도 더 먹이려고 안간힘을 쓰다 보면 숟가락을 들고 아이들을 따라다녀서 사람들의 눈총을 받을 것이다. 무엇보다 제일 큰 문제는 외식 장소가 숯불 갈비집이어서 테이블마다 불을 쓰는데 아이들이 돌아다니다가 혹 사고가 생길 수도 있다는 점이다.
이런저런 걱정에 아이들에게 야단이라도 치면, 좋은 날 손자들이 야단맞는 것에 시어머니 기분이 좋으실 리 없다. 그렇다고 아이들을 떼 놓고 갈 수도 없는 일이다. 승훈 엄마는 두통약을 찾으며 생각했다.
'아, 언제쯤이면 맘 편히 외식 한번 할 수 있으려나.'

식당 선택만 잘해도 아이와의 전투는 줄어듭니다

아이를 데리고 외식한다는 것은 만만치 않은 일입니다. 어른은 그저 식사하러 간 것이지만 아이에게는 이것이 새로운 곳으로의 나들이요, 탐험입니다. 흥분이 안 될 수가 없습니다. 식구끼리만 가는 것이 아니라 친척, 지인들끼리의 모임이라면 아이가 더 흥분되는 것은 당연합니다. 그래서 엄마들은 하나같이 '나오면 더하다. 누가 있으면 더하다'고 말합니다. 아이가 어른들의 모임에 방해가 되고, 다른 테이블 손님들에게도 폐를 끼친다면 모처럼의 외식자리도 엉망이 될 것입니다.

성공적인 외식을 위해서는 식당의 선택이 가장 중요합니다. 아이를 배려해 주는, 아이 손님을 받을 준비가 된 식당을 선택해야죠. 어른들의 모임에 아이는 들러리만 세우는 식이어서는 곤란합니다. 화목한 가족 모임에 어울리는 소품 역할 정도에 만족하는 아이는 없습니다. 아이를 데리고 외식을 하기로 했다면 아이의 존재를 인정하는 즉 아이의 기호와 성향에 맞는 식당을 선택해야 합니다.

우선 식당에 놀이방이 있는지 알아 봅니다. 식사가 나오기를 기다리는 시간과 식사가 끝난 후 어른들이 후식을 먹으면서 담소하는 시간에 아이가 지루하지 않게 시간을 보낼 수 있어야 합니다. 요즘 큰 식당에는 아이 놀이방이 있습니다. 꼭 놀이방이 아니어도 아이가 비디오를 보거나 컴퓨터 게임을 할 수 있는 공간이 마련되어 있습니다.

또 아이를 위한 메뉴가 있는지 살펴 봅니다. 아이의 연령에 맞게 먹을 만한 것이 있는지 알아보아야 합니다. 매운 음식 전문점이거나 질긴 음식들뿐인 곳으로 외식 장소를 정하면 아이가 맨밥만 먹어야 할 때도 있습니다. 외식을 나왔는데 먹을 것이 없으면 아이가 짜증 내는 것이 당연합니다.

아이가 어리다면 유아용 식탁 의자가 있는지도 미리 알아보면 좋습니다. 아이가 자기 자리에 얌전히 앉아 있기를 원한다면 일단 '자리'가 있어야겠죠. 그 밖에 아이를 위해 깨지지 않는 식기와 작은 숟가락, 포크, 턱받이 등을 마련해 두는 곳이 아이를 손님으로서 배려하는 곳입니다.

그리고 아이가 아주 어리다면 테이블마다 불을 쓰는 식당은 피하는 것이 좋습니다. 혹시라도 안전 사고가 날 수도 있고, 사고가 날까 봐 아이를 붙들고 있느라 진을 빼는 것보다는 미리 피하는 것이 좋겠죠.

외식에는 준비물이 필요해요

밖에 나가서 아이와 실랑이하는 것은 집에서보다 훨씬 더 힘듭니다. 주변에 다른 사람들도 많은데 아이와 오래 기싸움하는 것이 쉽지 않지요. 아이도 자신이 집에서보다는 유리한 고지에 서 있다는 것을 귀신같

이 알고 훨씬 더 고집을 피우기도 합니다. 그러니 밖에 나갔을 때는 아이와의 갈등 상황을 줄이려는 최선의 노력을 해야 합니다. 싸워서 이길 생각보다는 싸움을 피할 수 있도록 미리 준비할 필요가 있습니다.

 예를 들어 아이가 음식을 먹다가 옷에 쏟았을 경우를 생각해 봅시다. 모처럼의 나들이에 엄마는 아이에게 레이스 달린 하얀 공단 드레스를 입혔습니다. 여기에 토마토케첩이나 과일 주스, 스파게티 소스를 왕창 쏟았다면 엄마로서는 속이 뒤집힐 일입니다. 공단 드레스에 음식 얼룩은 잘 지워지지도 않거든요. 게다가 아이가 사고는 제가 친 주제에 옷이 젖었다고 칭얼거리기라도 한다면 한 대 쥐어박고 싶은 마음이 절로 생겨날 것입니다. 하지만 엄마가 이런 경우를 대비하여 갈아입힐 옷을 미리 준비해 왔다면 어떨까요? 또 버린 옷이 공단드레스가 아니라 막 빨아 입혀도 되는 옷이라면 어떨까요? 엄마는 화가 덜 날 것이고 아이에게 큰소리 내는 일도 없겠지요. 옷에 음식을 쏟았다는 상황은 같지만 엄마가 어떻게 대비했느냐에 따라 이것은 외식을 완전히 망쳐버리는 대형 사고가 될 수도 있고, 그냥 작은 실수로 넘어갈 수도 있는 것입니다. 엄마가 준비하는 만큼 당황할 일도 기분을 상할 일도 줄어듭니다. 외식을 하러 갈 때는 갈아입힐 옷 외에도 물수건, 턱받이 등 아이가 저지레했을 경우 금방 대비할 수 있는 물건들을 미리 준비해 가면 긴요하게 쓰입니다.

아이가 집중할 만한 작은 장난감을 준비해 가는 것도 좋습니다. 평소에 좋아하는 인형이나 작은 자동차 등 익숙한 장난감이 있으면 아이가 음식을 기다리는 동안 조금 더 인내심을 갖고 앉아 있을 수 있습니다.

아이에게 어디서 무엇을 할지 알려 주세요

새로운 곳에 갈 때 아이가 상황을 예측할 수 있게 해 주는 것은 아주 중요합니다. 어디에 갈 것이고 가서는 무엇을 할 것인지 아이에게 미리 알려 주고 그곳에서의 규칙을 말해 주면 아이는 규칙을 따르는 것이 더 쉬워집니다.

아이가 뭘 한 가지 할 때마다 "그건 안 돼. 그렇게 하지 마. 안 된다고 했지!"라고 제지하면 아이도 기분이 좋지 않습니다. 하면 안 되는 행동, 지켜야 할 것들에 대해 미리 얘기하고 약속하는 것이 좋습니다.

외식하러 식당에 가는 경우에는 다른 사람들 식탁 사이로 돌아다니지 않기, 숟가락으로 장난치지 않기, 그릇을 쳐서 소리 내지 않기, 숟가락 젓가락 다 쏟아 놓지 않기 등을 약속합니다.

그냥 '얌전히 있어야 한다'고 말하기보다 어떤 행동이 남에게 폐를 끼치는지 구체적으로 말해 주고 약속하는 것이 좋습니다. '무엇은 해도 좋다' '이렇게 하자'는 약속도 미리 하고 갑니다. '밥이 나올 때까지는 놀이방에서 놀아도 된다.' '사람이 많으니 꼭 엄마 옆에 앉아서 먹자' 등도 미리 말해 줍니다.

가면 무엇을 먹게 될지, 누구를 만날지 미리 말해 주면 아이는 기대도 하고 스스로 마음의 준비도 합니다.

즐거운 가족 나들이, 과감한 포기도 필요해요

외식은 즐거운 일입니다. 어른 입장에서는 번거로운 음식 준비와 설거지에서 해방되고 맛있는 음식을 맛볼 수 있는 기회입니다. 좋은 사람들과 만나 맛있는 음식을 먹는 것처럼 즐거운 일도 없을 것입니다.

그런데 아이가 소란을 피우면 음식 맛도 즐거운 분위기도 사라집니다. 아이에게 내내 시달리다 보면 '내가 다시는 밖에 나와서 밥 먹나 봐라'라는 생각이 저절로 듭니다.

아이를 데리고 외식할 때 '먹는 것' 자체와 '식사 예절' 둘 중 어느 것이 더 중요할까요? 외식을 할 때는 후자가 더 중요합니다. 왜냐하면 우리 식구끼리만 먹는 것이 아니라 다른 사람들이 있기 때문이죠. 밥을 먹는 것도 중요하지만 타인에 대한 배려, 공공질서 등을 배우는 것도 중요합니다. 식당에서 아이가 제멋대로 뛰고 돌아다니는데도 내버려 두고 내 아이가 잘 먹었는지에만 관심 갖는 엄마를 보면 저절로 눈살이 찌푸려집니다.

외식 장소에서 아이가 소란을 피우는데 말을 해도 듣지 않는다면 일단 아이를 다른 곳으로 데리고 가야 합니다. 다른 사람 밥 먹는 데서 아이를 야단치는 것은 다른 사람들에게도 실례고 아이에게도 좋지 않습니다. 그래도 듣지 않는다면? 외식을 중단하고 돌아오도록 합니다. 집에서 밥상을 치워 버리는 것과 똑같은 것입니다. 집에서는 아이가 식사 때 불러도 오지 않거나 돌아다니며 먹거나 하면 밥상을 치워 버리는 단호한 엄마도 외식 때 그렇게 하기가 쉽지 않습니다. 음식 값이 아깝기도 하고 그렇게 되면 나들이 자체가 중단되기 때문입니다.

하지만 이것도 '몇 번이면 된다'는 마음을 먹고 단호하게 행동하는 것이 좋습니다. 아이에게 '식당에서의 예절을 지키지 않으면 외식 자체를 못하게 된다'는 것을 가르쳐 줄 필요가 있거든요. 아이도 외식을 좋아합니다. 음식보다는 '나들이'이기 때문에 좋아하는 것입니다. 아이가 식당에서 얌전해야 나들이도 할 수 있다는 것을 알게 되면 아이를 잡으러 다니느라 엄마와 아빠가 번갈아가며 식당을 휘젓고 다니는 일은 없어질 것입니다.

  아이가 세 살 이하라면 조금 더 클 때까지는 외식을 자제하는 것도 좋습니다. 밥 한 끼 먹으려다가 아이도 엄마도 너무 지치게 될 수 있거든요. 그래서 어린아이를 둔 엄마는 모임도 되도록 집집마다 돌아가며 합니다. 집에서 모임을 하면 다른 손님 눈치 볼 일도 줄어들고 아이가 저지레를 해도 금방 씻기고 갈아입힐 수도 있어 여러 모로 마음이 편합니다.

5
간식 때문에 늘 싸워요

간식에는 영양 공급원, 허기를 때우는 수단의 기능 외에 다른 것이 있습니다. 바로 행동을 조절하기 위한 수단으로, 어떤 보상으로 주는 것이 간식입니다. 이것은 주로 사탕이나 초콜릿 등으로 간식이라기보다는 군것질이라고 할 수 있습니다.

과자만 찾는 다섯 살,
진아 이야기

"쿠당탕탕!"

뭔가 넘어지는 소리가 들렸다. 진아 엄마는 욕실에서 머리를 감는 중이었다. 곧 다섯 살 진아의 째지는 울음 소리가 들렸다.

"왜 그래? 진아야!"

머리 한가득 비누 거품을 이고 있던 진아 엄마는 수건으로 머리를 감싸고 밖으로 뛰쳐나왔다. 식탁 의자가 넘어져 있고 그 옆에 진아가 퍼질러 앉아 울고 있다. 식탁 의자에 올라섰다가 떨어진 모양이었다. 냉동실 문은 활짝 열린 채였다.

사태가 어떻게 진행된 것인지 진아 엄마는 미루어 짐작할 수가 있었다. 엄마가 머리 감으러 욕실에 들어간 틈에 진아는 냉동실에 넣어 둔 사탕을 꺼내려고 했던 것이다.

"어디 다쳤어? 어디 아파?"

진아 엄마는 아이를 살펴보았다. 머리카락에서는 비눗물이 뚝뚝 떨어져 눈으로, 코로 들어가 정신이 없었다. 다행히 아이가 다치지는 않은 모양이다. 진아 엄마는 그제야 진아의 손에 눈이 갔다. 진아는 그 와중에도 사탕 봉지를 꼭 쥐고 있었다.

"으이그! 그것 봐. 엄마가 뭐라고 그랬어! 사탕 안 된다고 했잖아."

진아 엄마는 우는 아이를 달래기도 해야겠고 사탕을 몰래 꺼내 먹으려 한 것도 혼내야 하겠지만 일단 머리를 헹궈 내는 것이 급해서 다시 욕실로 들어갔다. 부글부글 속이 끓었다.

요즘 진아와 엄마는 간식 전쟁 중이다. 진아가 밥은 싫어하면서 유난히 단 것만 찾았다. 말리지 않으면 사탕 한 봉지도 한꺼번에 다 먹어 치웠다. 과자도 좋아했다. 특히 초콜릿이 표면에 발라져 있거나 초코칩이 박힌 과자라면 자다가도 벌떡 일어났다. 아이가 좋아하는 모습을 보고 싶어 진아 아빠도 퇴근 때마다 과자를 사 오고 할머니도 진아를 보러 오실 때마다 과자와 사탕을 한아름 안겨 주셨다.

문제는 진아가 점점 더 밥을 안 먹는다는 데 있었다. 배가 고프면 빵이나 과자를 찾고 안 된다고 하면 "딱 한 개만!" 하며 애처롭게 졸랐다.

아이가 과자를 좋아하는 것은 당연하다고 생각한다. 밥만 잘 먹는다면 과자 정도야 줄 수도 있다. 하지만 진아는 밥은 억지로 새 모이만큼 먹으면서 사탕은 입에 달고 살았다. 그래서 다섯 살밖에 안 됐는데 치과에서 치료한 충치가 벌써 여섯 개나 된다. 어금니 하나는 너무 많이 썩어서 신경치료까지 했다.

진아 엄마는 치과에서 자지러지는 아이를 보는 일도 너무 힘들고 아이가

밥을 안 먹는 것도 과자, 사탕 때문이라고 생각해서 진아 안 보는 곳에다 군 것질거리를 숨겨 놓았다. 그런데 진아는 냉동실에 사탕이 들어 있다는 사실을 용케 알아 내고 몰래 꺼내 먹으려다 사고를 낸 것이다.

내가 너무하는 건가?

아이가 엄마 몰래 먹을 걸 꺼내 먹으려고 했다는 사실 앞에서 진아 엄마는 침울해졌다. 부족한 것 없이 키우다 보니 아이가 참을성이라고는 없구나 싶기도 했다. 당장은 아이가 의자에서 떨어져 나뒹굴어가며 획득한 저 사탕을 어찌할 것인가, 빼앗아야 하나, 주어야 하나 갈등이 되었다.

머리를 다 헹구고 수도꼭지를 잠그고 나니 밖이 조용했다. 울던 아이가 울음을 그친 것 같았다. 밖으로 나가 보니 진아는 사탕 봉지를 한 손에 쥐고 볼 가득히 사탕을 문 채 너무나 만족스러운 표정을 짓고 있었다. 사탕 하나가 주는 행복, 아이가 저토록 좋아하는데…. 진아 엄마는 엄마 노릇이 쉽지 않다는 걸 새삼 느낀다.

간식과 군것질을 구별하세요

대부분의 아이는 간식을 좋아합니다. 간식은 양은 적으면서 맛은 더 있기 때문이죠.

또 하나의 이유는 간식은 주식보다는 더 자유롭기 때문입니다. 아이는 간식을 '먹을 자유'와 '먹지 않을 자유'를 더 부여받습니다. 엄마가 훨씬 허용적인 자세를 취하기 때문이죠. 엄마는 아이가 아침을 먹지 않았을 때는 잔소리도 심하게 하고 어떻게든 먹이려고 노력하지만 간식으로 준 사과를 먹지 않은 것은 그러려니 하고 넘어가는 경우가 많습니다. 제대로 먹는지 안 먹는지 지켜보지도 않습니다. 말 그대로 간식이기 때문이죠. 아이는 자유롭게 간식을 즐깁니다.

그런데 간식이라는 것이 세 끼의 밥보다는 훨씬 유연하고 허용되다 보니 간식과 군것질의 경계도 모호해집니다.

간식이라면 흔히 생각하는 것은 뭘까요? 간단하게 요기도 하고 영양도 보충해 주는 것으로 과일이나 우유 정도가 떠오릅니다. 간단하게 집어 먹을 만한 빵이나 떡도 간식이 될 수 있겠네요. 그러면 과자는 어떨까요? 요즘은 케이크 형태로 되어 있는 과자도 많이 나오던데요. 실제로 유치원, 어린이집 등에서 간식으로 이런 케이크 형태의 과자와 요구르트를 자주 줍니다. 과자도 간식이죠. 그러면 사탕은? 초콜릿은? 간식으로 사탕이나 초콜릿을 주는 엄마는 거의 없는데 어디까지 간식으로 불러야 할까요?

간식에는 영양 공급원, 허기를 매우는 수단의 기능 외에 다른 것이 있습니다. 바로 행동을 조절하기 위한 수단과 보상인 경우죠. 그럴 경우는 간식이라기보다 군것질이라고 볼 수 있습니다.

아이가 떼를 쓸 때 "까까 줄까?" 하는 것이 보상으로의 간식입니다. 또 소아과에서 주사를 맞고 우는 아이에게 간호사가 주는 사탕도 같은 예입니다. 유치원에서 선생님이 뒷정리를 잘한 아이에게 상으로 사탕을 주기도 합니다.

이것은 순전히 심리적인 것입니다. 먹을 것이긴 하지만 영양소와 관련된 것이 아니죠. 영양적인 관점에서만 보면 사탕, 과자 등은 득보다 실이 더 많은 식품입니다. 배가 고플 것 같아 사탕을 주나요? 사탕이나 과자는 아이를 달래거나 아니면 장한 일을 했을 때 주는 것으로 심리적인 위안을 주는 것이고 또 사회적인 측면도 가지고 있습니다. 군것질거리가 가지고 있는 이 심리적인 면, 사회적인 측면을 간과해서는 안 됩니다.

소아과에서 주사를 맞고 울고 있는 아이에게 간호사가 사탕을 줍니다. 병원에서 왜, 별 영양가는 없으면서 달아서 입맛만 떨어뜨리고 이에도 좋지 않은 사탕을 주는 건지 엄마는 불만이 많습니다. 그래서 요즘은 사탕 대신 비타민제를 주기도 하죠. 소아과에서 주는 사탕은 음식이라기보다는 심리적 위안거리입니다. 아픈 주사를 맞았으니 달래 주는 것이죠. 그런데 이 사탕을 몸에 좋지 않다고 엄마가 빼앗아버리면 아이의 심리적 충격은 큽니다. 같이 주사를 맞은 다른 아이는 모두 옆에서 사탕을 물고 있는데 말이죠. 물론 충치 문제도 걱정을 해야 하지만 상황에 따라서는 사탕을 빼앗는 것이 충치보다 더 나쁜 결과를 가져올 수도 있습니다. 아이가 상처를 받는 것이죠.

몸에 좋지 않은 음식은 철저히 통제를 하는 가정이 있습니다. 엄마는 정말로 좋은 먹을거리만을 아이에게 만들어 주려고 노력합니다. 사탕이니, 콜라니 하는 것에는 손도 못 대게 합니다. 하지만 이 아이도 다른 곳에 가면 얼마든지 그런 군것질거리를 접할 수 있습니다. 친구 집에 놀러갔을 때 먹어 볼 수도 있고 또는 손님이 선물로 가져왔을 수도 있습니다. 그런 때조차도 철저히 금지시킨다면 아이는 그것을 갈망하게 될 것입니다.

몸에 좋지 않은 음식, 주식에 영향을 주는 간식은 먹지 않는 것이 원칙입니다. 하지만 상황에 따라 융통성이 있어야 할 것입니다. 어떤 음식들은 이런 이유들 때문에 몸에 좋지 않다는 것을 충분히 설명해 주고 그래도 특별한 경우라면 조금은 먹을 수 있다고 허용해 주세요.

과자, 사탕은 왜 좋지 않을까요?

아이는 대부분 단것을 좋아합니다. 그런데 어른이 되면 너무 단것은 입에 받지를 않습니다. 단것이 싫어지면서 나도 이제 아이가 아니구나 실감하는 사람도 많습니다. 물론 여전히 단것을 좋아하는 어른도 있지만 어디까지나 기호의 문제입니다. 그러나 모든 아이는 단것에 열광합니다. 그것은 당분이 에너지원으로 쓰이기 때문입니다. 아이는 한창 자라고 있는데다 어른에 비해 움직임이 많아서 충분한 에너지가 필요합니다. 때문에 바로 에너지로 바꿔 쓸 수 있는 당분에 몸이 저절로 끌리는 것이겠죠. 그런데 알다시피 당분을 너무 많이 섭취하는 것은 몸에 좋지 않습니다.

단것을 먹으면 왜 좋지 않을까요? 가장 먼저는 이가 썩기 때문입니다. 당분은 끈적끈적해서 아이의 치아에 들러붙기 쉽습니다. 들러붙은 당분은 분해되면서 산을 만들어 내는데 바로 이 산이 치아의 법랑질을 파괴하는 주범인 것입니다. 법랑질은 치아의 보호막이어서 이것이 없어진다는 것은 튼튼했던 성벽이 부서지는 셈이 됩니다. 적군은 너무도 쉽게 성 안으로 들어와 분탕질을 칩니다. 충치가 생기죠.

그리고 또 중요한 것, 설탕이 공격성과 관계있다는 것은 여러 실험과 연구를 통해 이미 밝혀진 사실입니다. 설탕은 이당류여서 먹으면 몸에서 금방 분해됩니다. 너무 빨리 분해 흡수되어서 급속히 혈당을 올립니다. 혈당이 갑자기 올라가면 우리 몸은 그 혈당을 낮추기 위해 인슐린을 분비합니다. 설탕을 많이 먹을수록 인슐린도 많이 분비되죠. 적군이 많으면 아군이 많이 필요하니까요. 그런데 인슐린이 갑자기 많이 분비되다 보니 이번엔 또 저혈당이 되어 버립니다. 위에 말했듯이 설탕은 구조가 단순해 모든 것이 속전속결로 이루어지거든요. 몸이 저혈당 상태가 되었을 때 정상 혈당을 만들기 위해 나오는 호르몬이 아드레날린입니다. 아드레날린은 흔히 공격호르몬이라고도 불립니다. 아이가 산만하고 공격적인 행동을 보일 때, 그 원인을 과도한 설탕 섭취로 보는 의사들도 많이 있습니다.

설탕은 산성 음식이기 때문에 혈액의 산성화를 막기 위해 몸 안의 칼슘과 미네랄이 많이 소모됩니다. 따라서 뼈 안에 있던 칼슘이 빠져나갑니다. 칼슘이 부족하면 당연히 뼈가 부실해지고 성격도 나빠집니다.

또한 공장에서 만들어진 과자나 사탕류에는 너무나 많은 양의 식품첨가물이 들어 있습니다. 과자, 사탕은 대량 생산, 대량 유통을 하는 공산품입니다. 많이 만들어서 오래 유통시키기 위해 몸에 좋지 않은 줄 뻔히 알면서도 이런저런 화학물질을 집어넣는 것이죠. 그리고 많이 팔아 이윤을 남겨야 하기 때문에 보기에 좋아 보이도록, 먹고 싶어지도록 여러 색소와 향료를 집어넣습니다. 이런 물질들은 한 번 몸속에 들어가면 다 배출되는 것이 아니라 20%에서 40% 정도는 몸속에 남아 점점 쌓인다고 합니다.

할머니가 자꾸 과자, 사탕을 사 줘요

공장에서 과자나 사탕 등이 어떻게 만들어지는지 과자 안에 도대체 어떤 화학물질들이 들어가는지 여러 매체들이 다루기 시작하면서 엄마는 과자로부터 아이를 지키기 위해 노력합니다. 바삭하고 달콤한 맛을 잊지 못하는 아이는 과자를 얻기 위해 엄마를 구슬려도 보고 떼도 씁니다. 장을 보러 가면 산더미 같이 쌓여 있는 과자더미 앞에서 실랑이 하는 엄마와 아이도 종종 눈에 띕니다.

그런데 엄마들이 불만스럽게 털어놓는 이야기가 있습니다. 바로 할머니(또는 할아버지)가 아이에게 자꾸만 과자를 사 준다는 것입니다. 엄마가 과자, 사탕을 못먹게 하니 아이는 할머니를 조르게 됩니다. 할머니는 손자 손녀 예쁜 생각에 아이 손을 잡고 동네 가게로 가서 과자를 사들고 사이좋게 돌아옵니다. 또 엄마에겐 비밀로 하고 할머니와 아이 둘이서 몰래 과자를 사다 먹기도 합니다. 엄마 입장에서는 참 답답한 일입니다. 설명을 한다고 했는데도 할머니나 할아버지가 영 비협조적으로 나온다면 자칫하면 갈등의 요소가 되기도 하거든요.

할머니는 나름의 고집이 있습니다. 그것은 나도 다 해봤다는 자신감 때문입니다. "나도 다 애 키워봤다! 나는 다 그렇게 키웠어도 잘만 크더라." 하는 거죠. "너는 참 애를 별나게도 키운다."라는 말도 따라붙습니다. 그래서 제 생각은 이렇고 제 의견은 어떻고 하는 말은 별 소용이 없습니다. 이럴 때는 엄마의 말이 아닌 권위 있고 신뢰할 수 있는 다른 사람의 입을 빌리는 것이 좋습니다. 소아과에 갈 때 할머니와 함께 가서 소아과 선생님의 얘기를 듣는다든가 아이 먹거리를 다룬 TV 프로그램을 시청하게 하는 방법이 좋습니다. 직접 보고 듣지 않아도 "저번에 뉴스에서 그러는데요." 또는 "의사 선생님이 그러시는데요." 하는 식으로 말씀드리는 것이 더 설득력 있습니다.

아이의 먹는 문제가 엄마와 조부모 간의 양육 주도권 싸움으로 번지면 일은 더 어려워집니다. 어른 입장에서는 어른을 가르치려 든다고 생각할 수도 있고 누구 아들이냐 누구 손자냐 하는 식으로 아이의 소유권을 주장하는 우스운 사태가 발생하기도 합니다.

과자를 먹고 있는 아이를 야단치는 것도 곤란합니다. 그것은 과자를 사 준 할머니 입장에서는 자신에게 대놓고 화를 내는 것보다 더 기분 상하는 일이기도 합니다. 일단은 먹도록 그냥 놔두고 후에 기회를 봐서 할머니가 과자에 대한 객관적인 정보를 접하도록 하는 방법이 좋습니다.

냉장고에 주스가 없으면 난리 나요

금붕어처럼 늘 뭔가 마시는 아이가 있습니다. 그래서 엄마는 냉장고 안에 마실 것을 꽉꽉 채워 둡니다. 각종 과일 주스, 요구르트, 이온음료, 청량음료…. 아이를 위한 음료수는 많기도 합니다. 요즘은 각종 캐릭터를 이용한 음료들이 아이를 유혹하기도 합니다. 광고를 보면 칼슘 함유, DHA 함유 등 마치 건강을 위한 보조식품인 듯한 느낌을 불러일으키는 것들도 많습니다. 심지어는 약국에도 색색의 음료수가 진열되어 있습니다.

아이는 왜 음료수를 좋아할까요? 아이는 '씹어서 삼키는' 시기 이전에 '빨아 마시는' 단계를 거쳤습니다. 온전한 배려와 보호 속에서 살았던 아기 시절에는 엄마 젖과 우유만으로 살았습니다. 아이가 가진 '마실 것'에 대한 느낌은 어른이 음료를 대하는 것과는 또 다를 것입니다. 달콤한 맛 이외에도 아이는 '마신다'는 것 자체에서 위안을 얻기도 합니다. 그래서 젖병을 뗄 나이가 훨씬 지난 아이가 젖병에 오렌지주스나 이온음료를 담아서 가지고 다니며 먹는 모습도 주변에서 흔히 볼 수 있습니다.

엄마는 음식에는 신경을 많이 쓰고 나쁜 음식은 제한하면서도 '음료'에는 그다지 신경을 쓰지 않는 경향이 있습니다. 물을 마셔서 배부르지는 않으니 음료수는 많이 마셔도 밥 먹는데 별 영향을 끼치지 않을 것이라고 생각하는 것입니다.

하지만 음료수도 식사에 큰 영향을 끼칩니다. 달고 칼로리가 높은 음료를 마시면 식욕이 생기지 않습니다. 종일 아무것도 먹지 않았는데 아이가 입맛 없어한다면 종일 뭔가 마시지는 않았는지 생각해 보아야 합니다.

과일 주스

과일 주스가 과일을 대신할 수 있을까요? 주스에는 과일이 가진 섬유질이 거의 들어 있지 않은 데다 시판 과일 주스에는 여러 가지 화학물질이 포함되어 있습니다. '과일 대신 과일 주스'라는 생각은 버려야 합니다.

무설탕 음료

무설탕이라고 크게 광고하는 음료수들의 성분표를 자세히 살펴보면 '액상과당 첨가'라는 글귀가 보입니다. 액상과당은 설탕을 분해해 인공적으로 만든 당으로 설탕보다 당도가 6배 이상 높습니다. 설탕을 분해한 것으로, 말하자면 액상 설탕인 것입니다. 과일의 당분은 간에 도달하기까지 여러 단계를 거치지만 이것은 액상과당의 형태 그대로 간에 도달합니다. 간이 더 피곤해지는 것은 당연합니다.

스포츠 이온음료

스포츠 음료는 운동선수들이 너무 심하게 운동을 하여 땀을 많이 냈을 때 전해질의 균형이 깨지는 것을 방지하기 위해 마시는 음료입니다. 성분을 보면 그저 소금물, 설탕물일 뿐으로 특별한 건강 음료는 아닙니다.

우유

우유가 아무리 좋은 음식이라고 해도 '밥 대신 우유'는 곤란합니다. 우유를 많이 마시면 필연적으로 밥 양이 줄어들기 때문입니다. '우유' 하면 칼슘이 떠오릅니다. 엄마는 아이의 성장을 위해 억지로라도 우유를 마시게 하는데, 성장은 칼슘만 있다고 되는 것이 아닙니다. 이 칼슘이 뼈를 자라게 하는 작용을 하려면 마그네슘, 구리, 아연, 철 등의 미네랄이 함께 필요하며 이런 것들은 선선한 채소와 과일에 많이 들어 있습니다.

우유에는 섬유질이 들어 있지 않아서 우유를 많이 먹는 아이는 변비에도 잘 걸립니다. 결론적으로 우유 자체가 문제라기보다는 '우유로 배를 채우는 것'은 좋지 않다는 것입니다.

아이에게 가장 좋은 음료는 깨끗한 물입니다. 물은 칼로리도 없고 자극적인 맛이 없어서 밥 먹는 데 영향을 주지 않습니다. 물론 밥 먹는 도중에 물을 많이 마시는 습관은 좋지 않습니다. 밥을 먹으면서 물을 많이 마시면 소화액이 묽어져서 소화가 잘 안 된다고 하네요.
 아이가 '마실 것'을 좋아한다면 식사에 영향을 주지 않고 첨가물이 들어 있지 않아 몸에도 좋은 건강 음료를 만들어 주세요.

건강음료를 만들어 주세요

• **수정과**

생강 50g, 통계피 30g, 설탕 반 컵, 곶감, 잣, 물

1. 생강은 껍질을 벗겨서 얇게 저민다.
2. 계피는 손으로 부순다.
3. 물 1ℓ에 저민 생강과 계피를 넣고 은근한 불에서 푹 끓인다.
4. 체에 내려 계피 찌꺼기와 생강 찌꺼기를 걸러 낸다.
5. 설탕을 넣어 다시 한번 끓인다.
6. 곶감은 꼭지를 떼어 내고 씨를 뺀다.
7. 차게 식혀 곶감과 잣을 띄운다.

• **오미자음료**

오미자 50g, 생수, 설탕이나 꿀 반 컵, 배

1. 오미자는 물에 씻어 찬물 2컵을 붓고 하룻밤쯤 담가 두면 붉은 오미자가 우러나온다.
2. 오미자 물에 두 배 정도의 찬 생수를 섞고 설탕이나 꿀을 넣어 단맛을 맞춘다.
3. 배를 깎아 예쁘게 모양낸다.
4. 차게 식힌 오미자 국물에 배를 띄운다.

• 미숫가루화채

수박, 키위, 사과, 미숫가루 1컵, 설탕이나 꿀 3큰술, 생수 4컵, 얼음

1. 수박은 씨를 발라 작게 썬다. 키위, 사과도 깎아서 먹기 좋게 썬다.
2. 생수에 미숫가루와 설탕을 넣고 멍울이 지지 않게 잘 섞는다. 체에 내리거나 블랜더를 쓰면 숟가락으로 섞는 것보다 더 빨리 섞을 수 있다.
3. 미숫가루 물에 과일을 띄우고 얼음을 넣어 낸다.

• 수박두유화채

수박 외에 참외나 복숭아 등 좋아하는 과일로 두유 화채를 만들어 먹으면 좋습니다. 두유는 어느 과일과도 잘 어울립니다.

수박, 두유 1 l, 설탕 2큰술

1. 수박은 씨를 빼고 잘게 썬다.
2. 찬 두유에 설탕을 조금 넣어 잘 섞는다.
3. 두유에 잘게 썬 수박을 띄운다.

건강한 간식의 원칙

아이는 소화 기능도 완전히 발달하지 않았고 위장도 작아서 한꺼번에 많은 양의 식사를 하기가 어렵습니다. 그래서 충분한 영양 섭취를 위해 식사와 식사 사이에 간식을 먹게 됩니다. 아이에게 간식은 꼭 필요합니다.

하지만 간식을 너무 많이 먹으면 주식에 영향을 줍니다. 간식 때문에 정작 식사 시간에는 배가 고프지 않을 수도 있거든요. 그러면 때를 놓치게 되고 엉뚱한 때에 배가 고파져 규칙적인 식사가 어려울 수도 있습니다. 간식을 아주 배불리 먹어서는 곤란합니다. 의사들은 하루 필요한 열량의 15% 정도를 간식에서 얻는 것을 권장하고 있습니다.

간식의 제1원칙은 '주식에 영향을 주지 않아야 한다'입니다. 간식을 너무 많이 먹으면 밥을 잘 안 먹을 수도 있고, 간식 먹을 생각에 밥에 흥미를 잃기도 합니다. 조금 있으면 더 맛있는 생크림케이크를 먹을 텐데 지금 뭣하러 된장국을 먹겠어요. 그래서 '밥을 먹지 않으면 간식도 없다'는 원칙을 지켜야 합니다.

엄마는 아이가 제때 밥을 잘 먹지 않았으면 종일 전전긍긍합니다. 아침을 먹는 둥 마는 둥 했는데 배가 고프겠지 싶어서 이런저런 간식거리들을 먹입니다. 아이는 간식으로 배를 채우고 점심 때는 또 밥에 흥미를 잃습니다. 그럼 오후에 배가 고파지니 또 이것저것 간식을 먹게 되고, 그렇게 되면 저녁도 별로입니다. 밥을 안 먹으면 그다음 끼니까지는 아무것도 주지 않는다는 원칙을 지켜야 합니다. 그렇지 않으면 간식 때문에 밥 안 먹는 허약한 아이가 될 수도 있습니다.

건강한 간식을 위한 제2원칙은 아이가 먹지 않았으면 하는 음식은 아예 집에 두지를 말라는 것입니다. 집안일이 많고 몸이 힘들다 보니 정작 엄마 자신은 제대로 챙겨 먹지 않는 경우가 많습니다. 남편 출근 준비, 아이 학교 갈 준비로 정신없는 아침에는 모두들 나간 집에서 혼자 커피 한 잔에 비스킷 한두 조각으로 식사를 대신하기도 합니다. 아이 때문이 아니라 본인이 먹으려고 과자를 사 두는 엄마도 많습니다. 그리고 할인점에서 1+1 행사를 하거나 묶음 할인 행사를 하면, 또 과자를 대량으로 사서 집에 잔뜩 쟁여 둡니다. 그리고 그걸 아이가 먹지 못하게 하느라고 진을 뺍니다. 눈앞에 산더미처럼 과자를 쌓아 두고 못 먹게 하는 것은 너무한 일입니다. 왜 아이를 시험에 들게 하나요? 집에 그런 군것질거리가 있으면 어른이고 아이고 간에 아무래도 손이 가게 됩니다. 꼭 먹고 싶다면 한 번 먹을 것만 사는 것이 좋습니다. 집 안에 과자가 없으면 사러 나가기 귀찮아서라도 한 번이라도 덜 먹게 됩니다.

같은 이유로 손 닿는 곳에 과일이나 채소 등의 건강한 간식거리를 놓아 두세요. 배가 고플 때는 일단 눈에 띄는 것을 먹게 마련입니다.

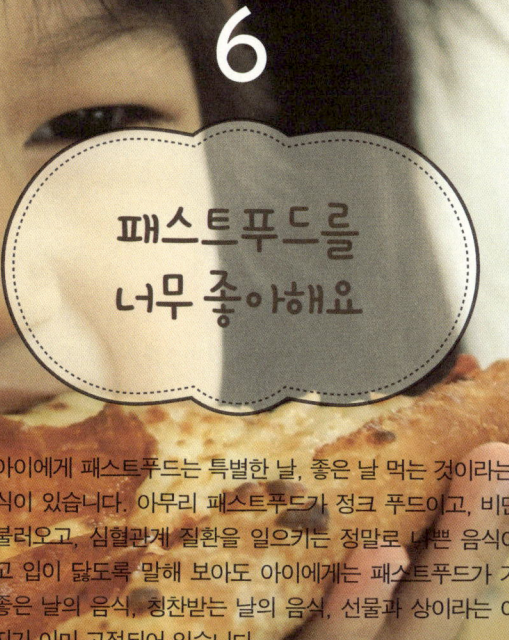

6

패스트푸드를 너무 좋아해요

아이에게 패스트푸드는 특별한 날, 좋은 날 먹는 것이라는 인식이 있습니다. 아무리 패스트푸드가 정크 푸드이고, 비만을 불러오고, 심혈관계 질환을 일으키는 정말로 나쁜 음식이라고 입이 닳도록 말해 보아도 아이에게는 패스트푸드가 기분 좋은 날의 음식, 칭찬받는 날의 음식, 선물과 상이라는 이미지가 이미 고정되어 있습니다.

패스트푸드점에 출근 도장 찍는,
성민이 이야기

성민이 엄마는 아파트 후문 앞에서 유치원 버스를 기다리고 있다. 오늘따라 버스가 늦는다. 버스는 아파트 단지 사이사이를 돌다가 제일 마지막에 이 후문에 선다.

사실 성민이네가 사는 아파트 동은 정문이 훨씬 가깝다. 후문까지 오려면 넓은 아파트 단지를 한 바퀴 빙 돌아와야 한다. 그런데도 굳이 이 후문에서 버스를 기다리는 이유는 정문 앞 상가에 있는 패스트푸드점 때문이다.

성민이는 유난히 패스트푸드를 좋아했다. 입이 짧아 끼니 때마다 '딱 한 숟가락만!' 하며 밥그릇을 들고 아이를 쫓아다니는 것이 일이었지만 패스트푸드점에만 가면 햄버거 하나와 감자튀김, 콜라 한 컵으로 구성된 어린이 세트를 남김없이 먹었다. 세트에 끼워 주는 장난감을 모으는 것도 성민이의 커다란 기쁨이었다.

성민이 엄마로서도 아이의 한 끼 식사를 해결하는 동시에 조악하지만 아이가 좋아하는 장난감까지 얻게 되니 나쁠 것이 없다고 생각했다. 매장은 깔끔해 보였고 직원들도 친절하여 성민이네 가족은 자주 그곳을 이용했다.

그런데 패스트푸드를 좋아하는 것이 도를 지나쳐 성민이는 유치원 버스에서 내리면 일단 그곳부터 가려고 했다. 하루도 거르려고 하지 않았다. 성민이는 버스에서 내리자마자 엄마 손을 붙들고 길 건너 패스트푸드점으로 직행했다. 안 된다고 하면 길바닥에서 엄마 옷을 붙들고 늘어지며 떼를 쓰고 땅바닥에 드러눕기도 다반사였다. 다른 엄마들 보기도 민망하고 아이를 당할 수가 없어 성민이 엄마는 매일같이 그곳에 들를 수밖에 없었다. 이젠 주문하지 않아도 얼굴을 익힌 직원이 알아서 어린이 세트를 내 줄 정도가 되었다. 그곳에서 배를 채우고 돌아온 성민이는 저녁을 먹지 않았다. 사정하고 협박해야 겨우 한 술 뜰 뿐 스스로 식탁에 앉는 법이 없었다. 선생님에게 물어보니 유치원에서도 점심을 잘 먹지 않는다고 했다.

어느 날 성민이 엄마는 TV에서 한국판 '수퍼사이즈 미' 실험이라는 것을 보고 큰 충격을 받았다. 물론 전에도 패스트푸드가 몸에 좋지 않다는 것을 어렴풋이 알고는 있었다. 하지만 그 정도일 줄은 몰랐던 것이다. 간수치, 성인병, 콜레스테롤, 뼈의 약화, 충치…. 안 그래도 허약 체질인 성민이가 이러다 영영 패스트푸드에 중독되는 것은 아닌가 가슴이 덜컹했다.

성민이 엄마는 결단을 내려야 했다. 먹으면 먹을수록 아이는 패스트푸드에 더 목말라했다. 이러다간 그 실험자처럼 하루 세 끼를 패스트푸드만 먹겠다고 할지도 몰랐다. 우선 유치원에서 돌아오는 길에 패스트푸드점에 들르는 습관을 없애야 했다.

눈에 보이지 않으면 덜 찾겠지 싶어 유치원 버스를 후문 쪽에 세워 달라고 부탁한 것이다.
드디어 버스가 도착했다. 성민이가 활짝 웃으며 버스에서 내렸다.
"다녀왔습니다."
선생님에게 배운 대로 배꼽에 손을 얹고 인사하는 성민이. 성민이 엄마는 그 모습이 너무 예뻐서 꽉 깨물어 주고 싶은 마음이었다. 하지만 성민이는 인사를 하자마자 햄버거 타령부터 했다.
"엄마, 햄버거 먹으면 안 돼?"
"안 돼. 햄버거, 콜라 먹으면 씩씩한 형아가 못 된다고 했지? 너무 먹고 싶으면 열 밤만 자고 먹으러 가자."
성민이는 당장 풀이 죽었다. 사랑하는 아들의 그런 모습을 보니 안쓰러운 생각이 들었지만 성민이 엄마는 마음을 다잡았다.
'건강에 정말 정말 좋은 패스트푸드는 없나?'
성민 엄마는 아들의 손을 잡고 걸으며 그런 생각을 해 본다.

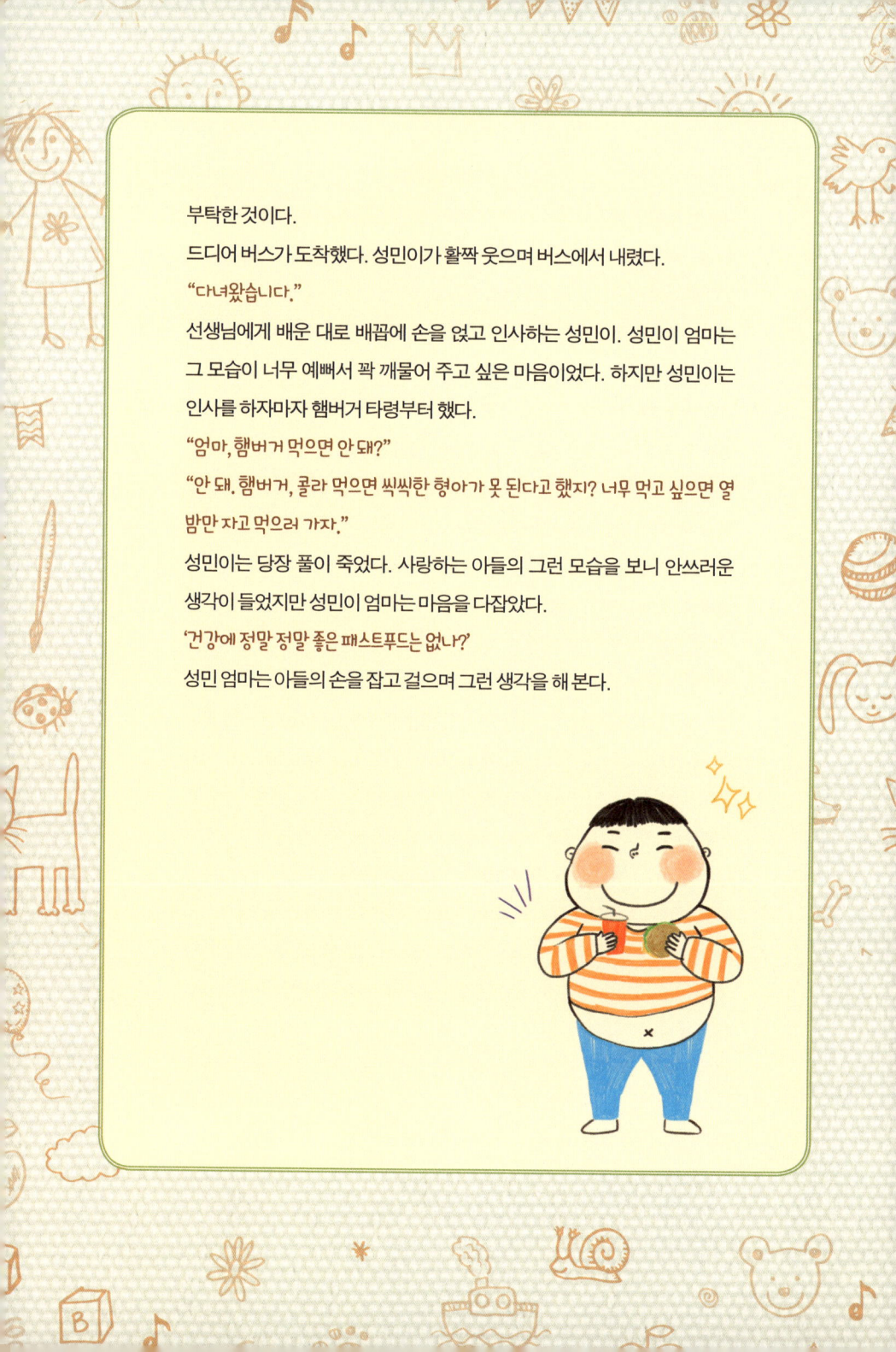

패스트푸드는 왜 좋지 않은가요?

패스트푸드는 좋은 음식이 아닙니다. 그러면 좋은 음식은 무엇일까요? 여러 가지 영양소가 골고루 들어 있는 음식이 좋은 음식입니다. 사람의 몸에 영향을 주는 나쁜 물질이 들어 있지 않은 음식이 좋은 음식입니다. 몸을 튼튼하게 해 주는 음식이 좋은 음식입니다. 패스트푸드는 이런 것들에 해당되지 않기 때문에 좋지 않은 음식인 것입니다.

우선 패스트푸드에는 영양소가 골고루 들어 있지 않습니다. 세트 메뉴로 한 끼 식사를 한다고 했을 때 과다한 지방과 설탕, 소금을 먹게 됩니다. 과다한 설탕과 소금은 뼛속의 인 성분, 칼슘 성분을 빼 냅니다.

또 패스트푸드는 지방이 45%입니다. 지방이 아주 많을 것으로 생각되는 삼겹살의 지방 비율이 25%인 것에 비하면 아주 높은 수치입니다. 많이 먹으면 당연히 비만으로 가는 지름길이 됩니다. 아이의 비만은 어른과 다르게 지방세포가 살찌는 것에서 끝나지 않고 세포 자체가 늘어납니다. 어른이 되어서도 비만이 될 소지가 다분한 것이지요. 반면 패스트푸드에는 칼슘, 미네랄 등은 전혀 들어 있지 않습니다. 패스트푸드를 주식처럼 먹는다면 살은 찌지만 몸은 허약해지는 것이지요.

또 패스트푸드에는 각종 식품첨가물, 화학조미료가 들어 있습니다. 안정제, 유화제, 보존제, 살균제, 산화방지제, 착색료, 발색제, 감미료 이런 것들은 다 뭘까요? 이것은 말하자면 색조 화장품 같은 것입니다.

오래된 음식을 신선한 것처럼, 질이 좋지 않은 음식을 좋은 것처럼, 식재료 고유의 맛이 아닌 것을 그런 맛이 나는 것처럼 꾸미는 것입니다. 운반이 편하고 보관이 편하도록, 보관하는 도중에 음식이 상해서 판매자가 손해 보는 일이 없도록 이런저런 것들을 넣기도 합니다. 말하자면 패스트푸드는 먹는 사람보다는 파는 사람을 더 고려해서 만들어진 음식인 것입니다.

예를 들어 햄버거의 고기에 많이 들어가는 아질산나트륨은 발색제입니다. 발색제는 그야말로 색을 내기 위해 넣는 것인데요, 시간이 지나도 고기가 갈색으로 변하지 않고 맛있는 붉은 색으로 보이도록 첨가하는 것입니다. 아질산나트륨은 그 자체가 독성 물질로, 1g만 되어도 치사량입니다. 세계보건기구(WHO)에서도 어린이용 식품에는 사용을 자제하도록 권고하는 이 물질이 패스트푸드를 비롯한 육가공품에 예외 없이 들어 있습니다. 또 맛을 내기 위한 감미료로는 글루타민산나트륨을 쓰는데요, 글루타민산이 신경조직에 지나치게 흡수되면 신경세포막을 파괴할 수 있고 성장에 영향을 주는 것은 물론 대사 이상을 일으키기도 합니다.

이런 첨가물은 어른에게도 나쁘지만 아이에게는 더 악영향을 줍니다. 어른은 장기의 기능이 성숙하여 나쁜 물질이 들어와도 어느 정도 방어할 수 있지만 아이는 독성에 그대로 노출됩니다. 게다가 체격도 어른에 비해 훨씬 작잖아요. 그러니 어른에 비해 영향을 더 받는 것이 당연합니다. 중금속이나 화학물질 등에 대해 얘기할 때 인체 허용량을 말하는데요. 이 인체 허용량은 건강한 성인을 기준으로 하여 마련된 것입니다. 어린이에게 그대로 적용하고 안심할 수는 없다는 것입니다.

그래도 굶는 것보단 낫지 않나요?

패스트푸드는 '텅 빈 칼로리'라고 불립니다. 우리 몸에 필요한 비타민, 미네랄 등의 영양소는 거의 없으면서 칼로리만 높기 때문입니다. '정크 푸드'라고 하는 사람도 있습니다. 말 그대로 쓰레기 음식이라는 것이지요. 하지만 아이는 패스트푸드에 열광합니다. 밥을 잘 안 먹는 아이도 햄버거, 감자튀김은 좋아합니다. 아이 입맛에 맞기 때문입니다. 입맛에 맞는데 무얼 더 바라랴 생각할지도 모르지만 그 입맛을 맞추기 위해 무엇을 넣었는지를 생각해 보면 얘기가 심각해집니다.

'아이가 잘 먹기만 한다면 바랄 것이 없겠어요.'

잘 안 먹는 아이를 둔 엄마의 마음은 절박합니다. 그래서 패스트푸드건 뭐건 잘만 먹어 준다면 너무 까다롭게 따지지는 말자는 마음이 있습니다. 맛있으니까 잘 먹겠지 생각도 합니다. 물론 맛이 있으니까 입맛에 맞으니까 잘 먹겠지요. 그러면 한번 생각을 해 보자구요. 살림을 하는 엄마라면 다 잘 알겠지만 음식에 맛을 낸다는 것은 쉽지 않은 일입니다. 찌개나 국의 육수 내는 과정을 생각해 봐도 알 수 있습니다. 새우

말린 것이나 북어 대가리, 또는 다시마와 멸치, 통양파와 대파, 무. 이런 것들을 30분 이상 푹푹 끓여 국물을 냅니다. 그냥 물만 부으면 맛이 별로거든요. 그런데 화학조미료를 쓰면 이런 과정이 없어도 됩니다. 그냥 한 스푼 듬뿍 넣으면 되거든요.

　패스트푸드는 말 그대로 빨리빨리 만들어 내는 음식입니다. 오랜 시간과 정성을 들여 맛을 낼 리 없고 당연히 화학조미료를 씁니다. 게다가 이윤을 위해서 질이 안 좋은 원료를 쓰기 때문에 맛을 내기 위해서는 화학조미료가 아주 듬뿍 들어가야 하는 거죠. 환경 운동을 하는 사람들은 패스트푸드를 음식이 아니라 화학물질이라고 부를 정도입니다. 화학조미료, 발암물질, 환경호르몬, 세균, 이 모든 것에서 패스트푸드는 자유로울 수 없습니다.

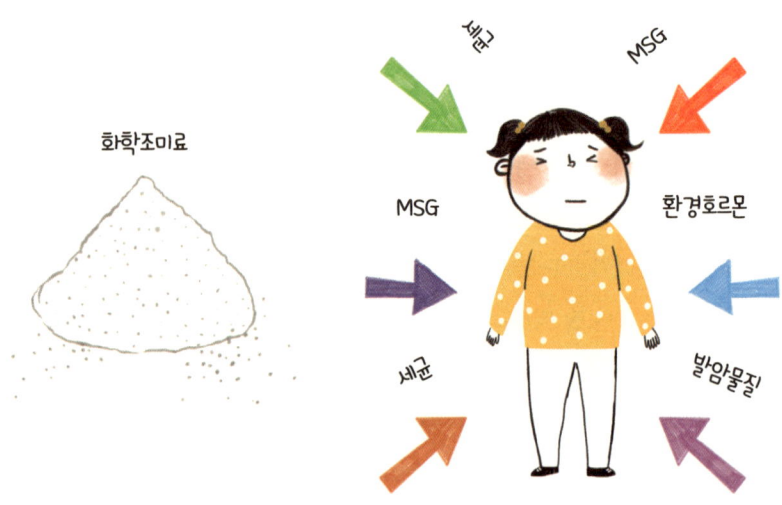

그런데 그런 음식을 아이가 좋아하니 엄마는 속이 타 들어갑니다. 아이가 다른 것을 마다하고 패스트푸드만을 고집하면 엄마는 슬며시 타협하는 마음이 생기게 마련이죠. '그래, 사람 먹으라고 만든 음식인데 설마 어떻게 되기야 하겠어? 굶는 것보다는 낫겠지. 그래 봐야 빵이랑 고기인데 나쁘면 얼마나 나쁘겠어.'

사실 나쁜 물질이 들어 있다고 해도 아주 미량입니다. 자연에서 저절로 흡수되는 것보다도 훨씬 더 적은 양이기도 합니다. 하지만 그것이 축적된다는 데 문제가 있습니다. 아주 적은 양이라도 자꾸 쌓이면 몸에 영향을 주는 많은 양이 됩니다. 당연하지 않나요? 아주 가끔, 특별한 일이 있을 때 어쩌다 먹는 것이라면 몰라도 거의 매일, 한 주에도 여러 번 먹는다면 문제입니다. 그런데 한국교총에 따르면 우리나라 초등학생 10명 중 한 명이 평균적으로 일주일에 3~4회 패스트푸드를 먹는다고 합니다.

패스트푸드를 자주 먹으면 그것이 어른에게나 아이에게나 습관이 됩니다. 어른은 돈 내고 사 주면 아이의 한 끼가 해결되니 너무 편하고, 아이도 입맛이 길들여져 점점 자주 많이 먹게 됩니다. 패스트푸드를 한 번 먹으면 좋은 음식을 먹을 기회를 한 번 놓치는 것이나 마찬가지입니다. 패스트푸드도 먹고 집에 와서 밥이랑 반찬이랑 잘 먹는 아이가 있나요? 자극적인 화학조미료에 입맛이 길들여지면 집 반찬은 잘 안 먹게 됩니다. 그러면 점점 더 건강한 식사와는 멀어지게 되는 것이죠. 그래서 '차라리 굶기라'고 말하는 사람들이 있는 것입니다.

아이에게 패스트푸드의 의미

아이에게 패스트푸드는 특별한 날, 좋은 날 먹는 것이라는 인식이 있습니다. 놀이공원이나 아이를 위한 공연, 전시가 있는 곳을 가 보세요. 예외 없이 패스트푸드점이 들어와 있습니다. 가족이 주말에 나들이를 하면서 배가 출출해지면 들어가는 곳이 패스트푸드점입니다. 아찔한 놀이기구도 타고, 풍선도 사고 불꽃놀이도 보는 즐겁고 신나고 흥분되는 날, 그런 날 먹는 것이 패스트푸드인 것입니다.

게다가 생일잔치도 패스트푸드점에서 많이 합니다. 이곳에서 생일잔치를 하면 직원들이 나팔을 불고 폭죽을 터뜨리고 간단한 쇼도 보여 줍니다. 그러니 패스트푸드는 파티 음식이라는 이미지도 있습니다. 그리고 패스트푸드점은 아이들의 약속 장소입니다. 초등학교 고학년 이상되는 아이들은 저희들끼리 만날 때 주로 패스트푸드점을 이용합니다. 다른 데 갈 데가 없으니까요. 초등학생이 카페에서 만나겠습니까, 뷔페에서 만나겠습니까.

이렇게 아이들에게 긍정적인 이미지로 인식되어 있는 것이 패스트푸드입니다. 또 그것은 그런 이미지를 갖기 위해 패스트푸드 회사가 부단히 노력을 한 결과겠죠. 아무리 패스트푸드가 정크 푸드이고, 비만을 불러오고, 심혈관계 질환을 일으키며, 도대체 어떤 원료가 들었는지 다 밝혀지지도 않아서 어떤 나쁜 점이 더 있는지 알 수도 없는 정말로 나쁜 음식이라고 입이 닳도록 말해도 아이에게는 패스트푸드가 기분 좋은 날의 음식, 칭찬받는 날의 음식, 선물과 상이라는 이미지가 이미 심어져 있습니다.

 아이도 물론 미디어를 통해 부모를 통해 패스트푸드를 많이 먹으면 뚱뚱해지고 몸에 좋지 않다는 것을 알고 있습니다. 하지만 그럼에도 불구하고 어떤 것에 대한 이미지를 바꾼다는 것은 쉬운 일이 아닙니다. 그 이미지가 어린 날에 만들어졌을수록 뿌리가 더 깊습니다. 지금이야 엄마에게 사달라, 안 된다 실랑이라도 하지만 더 커서 아이가 자기 용돈을 가지고 자기가 먹을 것을 사 먹는 시기가 오면 이 패스트푸드 문제는 더 심각해질 것입니다. 아이가 어릴수록 패스트푸드에 길들여지지 않도록 하는 노력이 더 필요한 이유가 바로 여기에 있습니다.

먹고 싶어 한다면 집에서 만들어 주세요

패스트푸드점에 가겠다고 고집 피우는 아이와 씨름하느니 차라리 그 에너지로 엄마가 집에서 만들어 주면 어떨까요? 집에서 만드는 햄버거는 고기와 채소, 빵이 어우러진 좋은 음식입니다. 어떤 재료를 썼는지 실체를 모르는 것도 아니고 몸에 나쁜 화학조미료가 들어간 것도 아니니 많이 먹여도 불안하지 않습니다. 만들어 먹여 보면 생각보다 어렵지 않고, 그 맛도 사 먹는 것보다 훨씬 낫다는 것을 알 수 있을 것입니다.

아이 밥상은 재료가 반이에요

아이 밥상은 재료가 반입니다. 아무리 여러 가지 반찬을 정성스럽게 만들어 올렸다 해도 잔류 농약이 있고, 각종 화학첨가물이 들어 있다면 건강한 밥상이라고 볼 수 없습니다. 아이는 몸이 작고 체중이 적게 나가기 때문에 같은 양의 농약이나 식품첨가물을 섭취해도 어른보다 그 피해가 훨씬 클 수밖에 없습니다. 아이를 위한 것이라면 채소는 유기농을 쓰고 식품첨가물이 들어간 가공식품류는 되도록 쓰지 않는 것이 좋습니다. 꼭 유기농이 아니어도 공들여 씻고 다듬으면 농약을 제거할 수 있습니다.

안전한 식품 손질법

- 채소는 흐르는 물에 씻습니다. 수돗물을 세게 틀어 표면에 묻은 농약이 씻겨 나가도록 합니다.
- 오이, 당근 등의 딱딱한 채소는 소금으로 박박 문질러 닦습니다.
- 양상추, 양배추는 반드시 한 잎 한 잎 떼어서 씻어 내야 합니다.
- 잎채소를 깨끗이 하는 좋은 방법은 끓는 물에 담그거나 데치는 것입니다. 안까지 스며든 농약도 녹아 나오는 효과를 볼 수 있습니다.
- 햄, 소시지 등의 육가공품과 어묵 등은 끓는 물에 한 번 데치고 난 후 사용합니다. 뜨거운 물에 잠시 담갔다 꺼내는 것만으로도 발색제와 인공색소 등의 식품첨가물이 녹아 나온다고 합니다.
- 라면을 끓일 때도 면을 한 번 끓여 낸 물은 버리고 새 물에 끓이면 좋습니다.

7
아이랑 같이 밥상 차리고 싶어요

요리 활동은 아이의 창의성과 사회성을 길러 줄 수 있는 좋은 활동입니다. 식재료가 변화하는 과정을 체험하면서 수학, 화학, 물리를 배우기도 합니다. 요리 치료(쿠킹 테라피)라는 게 있을 정도로 요리는 아이에게 좋은 체험 활동입니다.

요리를 놀이로 즐기세요

어린이집이나 유치원의 프로그램을 보면 한 달에 한 번쯤은 요리 실습이 있습니다.

요리 활동은 아이의 창의성과 사회성을 길러 줄 수 있는 좋은 활동입니다. 식재료가 변화하는 과정을 체험하면서 수학, 화학, 물리를 배우기도 하지요. 요리 치료(쿠킹 테라피)라는 게 있을 정도로 요리는 아이에게 좋은 체험 활동입니다.

유치원에서는 주로 만들기 쉽고 불을 쓰지 않는 샌드위치나 과일 카나페, 샐러드 등을 만듭니다. 아이가 만든 것은 엉성하지만 아이는 스스로 만든 것을 잘 먹습니다. 맛보다는 재미로 먹죠. 자기가 만들었다는 성취감도 있고 친구들 간에 경쟁심도 있으니 더 잘 먹습니다.

집에서도 아이를 식사 준비에 참여시키면 아이는 내가 만들었다는 뿌듯함으로 더 잘 먹게 되고, 식구들이 자신이 만든 음식을 먹는 것을 보면서 성취감을 느끼기도 합니다.

그런데 아이와 함께 식사 준비를 하는 것은 신중하게 생각해야 할 일입니다. 이것은 쉬운 일이 아니어서 선뜻 저지를 수 없습니다. 아이를 부엌에 들여놓는다는 것, 이것이 얼마나 위험하고 조마조마한 일인지는 엄마라면 다 알 것입니다. 그래서 아이가 어린 경우에는 부엌에 아예 접근을 못하도록 안전문을 만들어 다는 가정도 있습니다. 부엌에는

당연히 불이 있습니다. 불만 뜨거운 것이 아니죠. 방금 끓인 국, 식지 않은 프라이팬, 달구어진 뒤집개, 뜨거운 국을 폈던 국자 등 아차 하는 순간에 화상을 입을 수 있는 것들이 너무 많습니다. 칼, 가위 등 날카로운 물건도 많습니다. 무거운 그릇, 도마 등이 발등에라도 떨어지면 큰일입니다. 유리 그릇이 깨질 수도 있죠.

아이와 같이 식사 준비를 한다는 것은 이 모든 위험으로부터 아이를 안전하게 지키는 일과 동시에 진행되어야 하기 때문에 엄마는 무척 고달픕니다. 아이와 같이 식사 준비를 한다는 것은 아이 입장에서는 엄마를 도와주는 것이지만 엄마 입장에서는 일을 두세 배 더 하게 되는 일이라는 것을 명심해야 합니다. 집 앞의 가게에 잠깐 다녀오는 것도 혼자라면 5분이면 될 것을 아이를 데리고 나서면 오후가 다 가기도 한다는 것을 엄마라면 모두 알고 있습니다. 식사 준비에 아이를 참여시키면 저녁 먹을 시간이 다 될 때까지 아무 준비도 못 할 수 있다는 점을 염두에 두어야 합니다. 다시 말하지만 아이는 일을 그르치고 엉망으로 만듭니다. 그렇기 때문에 엄마는 '그럼에도 불구하고'라는 생각을 가지고 있어야 '아이와 함께 식사 준비하기'라는 프로젝트를 진행할 수 있습니다.

아이 때문에 일이 늦어져도, 아이가 부엌을 엉망으로 만들어도, 비싼 재료들을 망쳐도 감수하겠다는 생각이 없으면 오히려 역효과만

납니다. 요리하는 내내 아이에게 잔소리하고 간섭하고 짜증내게 될 테니까요.

식사 준비를 같이 하면 밥을 잘 먹게 된다더라, 집안일에 아이를 참여시키는 것이 교육적이라더라, 요리 활동은 아이 두뇌 개발에도 도움이 된다더라 해서 의무감으로만 시작하면 더 좋지 않은 결과를 가져올 수 있습니다.

아이를 위해서 모든 것을 감수하는 엄마가 아니라고 해서 좋은 엄마가 아닌 것은 아닙니다. 아이가 부엌을 온통 밀가루로 범벅해 놓는 것은 참을 수 없어도 엄마는 다른 방식으로 얼마든지 더 사랑을 줄 수 있습니다. 아무리 좋은 활동도 억지로 화를 참으면서 한다면 아무 소용없습니다. 함께 즐길 수 있어야 좋은 활동입니다.

식사 준비 같이하기 프로젝트

주말 느긋한 시간을 이용하세요

매일 저녁 준비를 같이 한다는 것은 쉬운 일이 아닙니다. 저녁 먹는 일 외에도 아이 씻기고 방 정리하고 잠자리 마련하고 내일 준비할 것들을 챙기느라 엄마는 저녁 시간이 바쁘기 마련인데, 밥 먹는 일부터 늦어지면 모든 게 다 뒤로 밀리거든요. 아이와 함께 준비하는 밥상은 주말의 느긋한 시간을 이용해 보세요. 엄마도 아이도 마음에 여유가 생기면 더 좋은 시간을 보낼 수 있습니다. 이때, 아빠도 함께 참여한다면 더욱 좋을 것입니다.

작은 일을 돕게 하세요

식사 준비를 함께한다는 것이 꼭 썰고 끓이는 것을 같이 하라는 의미는 아닙니다. 아이는 쉬우면서도 작은 일을 도울 수 있습니다. 식탁에 수저를 바르게 놓는 것, 그릇에 음식을 예쁘게 담는 것(예쁘리라고 장담할 수는 없지만), 물과 물잔을 가져다 놓는 것 등을 할 수 있습니다. 자기 몫의 밥은 자신이 담도록 하는 것도 좋겠지요. 작은 집안일을 돕게 하는 것은 아이의 인성 발달에도 큰 도움이 됩니다.

장을 같이 보세요

식사 준비의 시작은 장보기입니다. 같이 장을 보러 가기 전에 무슨 음식을 만들 것인지를 말해 줍니다. 그 음식을 만들기 위해서 어떤 재료가 필요한지 아이 스스로 생각하게 하면 음식에 대한 관심을 높일 수

있습니다. 자신이 장에 가서 사온 재료가 멋진 음식으로 변신해서 식탁에 올라오는 것을 보면 한 숟가락이라도 먹어 보고 싶은 마음이 들 것입니다.

  그러나 주의할 것은 장을 보러가서 어떤 것을 살 것인가를 두고 실랑이를 벌인다면 같이 가지 않느니만 못하다는 것입니다. 메뉴를 확실하게 정하고 살 것들을 미리 다 적어간 다음에 장을 보는 것이 좋습니다. 아이가 조르는 대로 이것저것 사다 보면 아이가 원하는 대로 밥상을 차려 주어야 하는 문제가 생깁니다. 아이가 사달라고 해서 햄을 샀으면 아이는 그날 저녁 햄을 먹을 것으로 기대합니다. 엄마가 정해 둔 메뉴 같은 것은 이미 소용없어지는 것입니다.

간식을 같이 만드세요

제대로 된 식사 준비는 할 일도 많고 손이 바빠서, 도와주겠다고 덤비는 아이가 오히려 거추장스러울 수 있습니다. 식사 준비는 같이 못해도 간식은 아이와 함께 만들어 보세요. 잔 손 가는 일이 많은 간식을 만들 때는 아이의 손도 큰 도움이 됩니다.

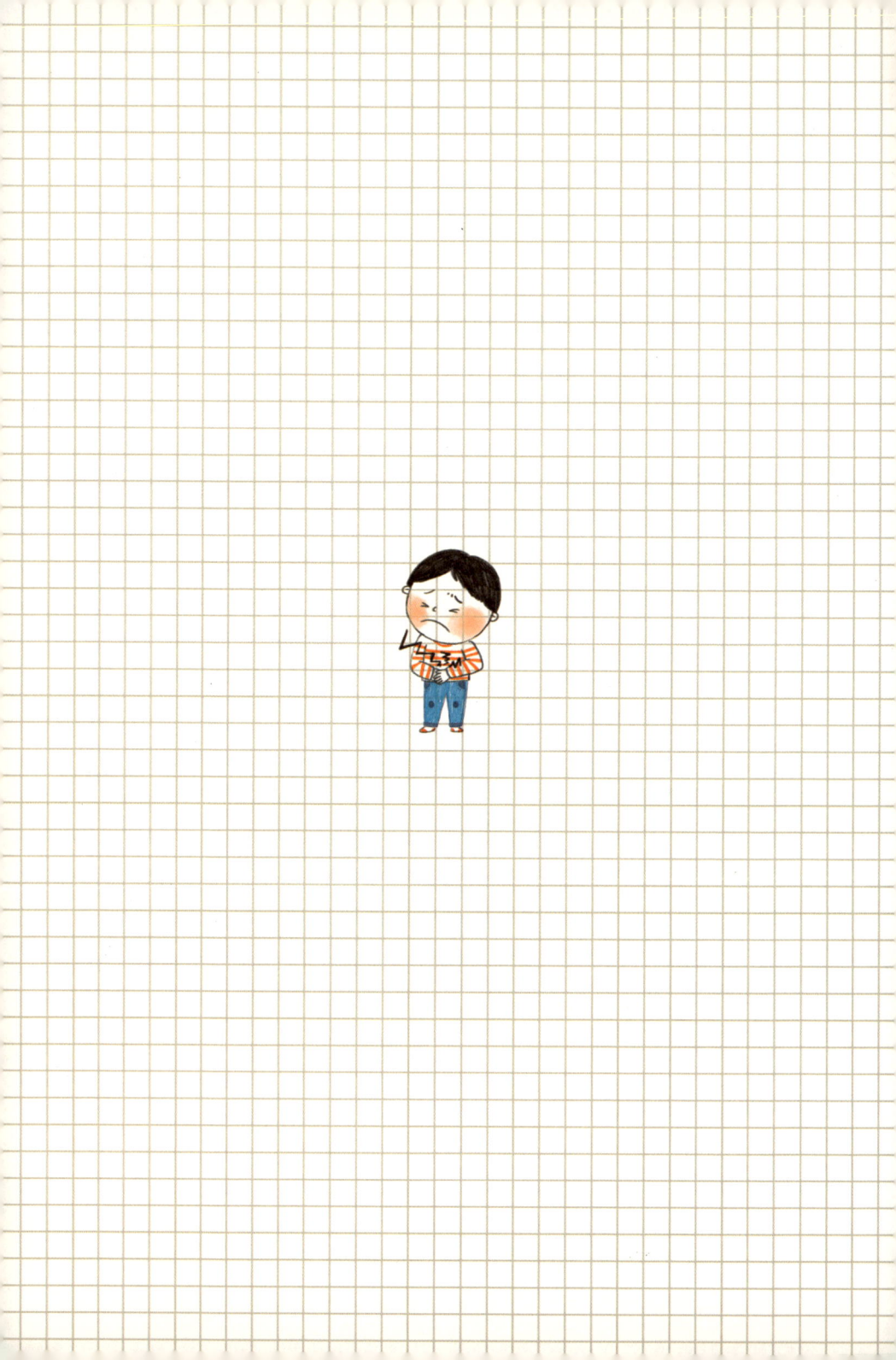

8
자주 아파서 밥 잘 먹을 틈이 없어요

아이가 아플 때만큼 엄마의 가슴이 미어질 때도 없습니다. 밥을 잘 안 먹는 아이는 유독 잔병치레가 많습니다. 아이가 아플 때는 증상 개선에 도움이 되는 음식 재료도 중요하지만 음식의 조리 방법에 신경 쓰고, 주변 분위기를 편안히 해 주는 것도 중요합니다.

감기에 걸렸어요

잘 먹지 않는 아이는 '감기를 달고 산다'고 말할 정도로 자주 감기에 걸립니다. 잘 먹지 않아서 감기에 잘 걸리는 것인지 감기 때문에 잘 먹지 않는 것인지 헷갈릴 정도입니다. 감기에 걸리면 열이 나면서 목이 아파 음식을 삼키기가 어렵습니다. 어른도 감기에 걸리면 입맛이 뚝 떨어지는 경험을 해 보았을 것입니다. 아이도 마찬가지입니다. 그래서 먹는 것에 더 신경을 써야 합니다.

감기 때문에 제한해야 하는 음식은 없습니다. 평소처럼 먹이면 되지만 입맛이 없는 데다 소화 기능도 떨어져 있어서 아이가 잘 소화시킬 수 있는 음식을 만들어 주어야 합니다. 그리고 특히 수분을 충분히 섭취할 수 있도록 하는 것이 중요합니다.

수분이 몸 안으로 충분히 들어가면 가래나 콧물이 묽어져 몸 밖으로 잘 나옵니다. 먹는 것으로 수분을 흡수시켜주는 것 외에도 방안의 습도도 높여 주어야 합니다.

감기는 쉬면 낫는다는 말이 있습니다. 그런데 아이는 아파도 놉니다. 밤새도록 열이 나고 컹컹 기침을 하며 시달렸던 아이도 낮에 병원에 다녀와 좀 살만해지면 또 온 집안을 난장판을 만들며 뛰어놉니다. 자리 깔고 좀 누워 있으면 감기도 빨리 떨어질 텐데, 아이는 쉴 줄을 모릅니다. 놀 때는 아픈 것도 모르는 건지, 노느라고 아파도 참는 건지 모르겠지만 이럴 땐 엄마는 아이가 흥분하지 않도록 도와주어야 합니다. TV는 끄고 조용한 분위기를 만들어 줍니다. 그리고 엄마 무릎에 앉혀 두고 책을 읽어 준다든지, 색칠 놀이를 한다든지 정적인 놀이를 하면서 아이가 쉴 수 있도록 해야 합니다. 그리고 감기 증상을 완화시킬 수 있는 음식을 신경 써서 먹이도록 합니다.

감기에 좋은 음식

무즙 무를 갈아서 꿀을 타서 마십니다. 무는 목감기뿐만 아니라 설사에도 좋고 소화도 잘되는 음식입니다. 동의보감에서 무는 오장의 나쁜 기운을 씻어 낸다고 하였습니다. 무의 씨(나복자)는 한방에서 약으로 쓰는 것입니다. 무는 기침에도 좋고 두통에도 좋습니다.

유자차 목감기에 좋습니다.

매실즙 뜨거운 물에 매실 즙을 타서 마시면 열이 내립니다.

※ 파의 흰 부분을 잘라 달여 먹여도 열이 내립니다. 너무 맵지 않을까 생각하겠지만 생강차 정도의 매운맛이며 달큰한 맛도 있습니다.

변비가 심해요

잘 먹지 않는 아이의 공통점은 변비가 있다는 것입니다. 들어오는 양이 적으니 내보내는 양도 적고 그러다 보니 장 안에 변이 머무르는 시간이 길어집니다. 대장 안에 찌꺼기가 오래 머물러 있으면 장이 찌꺼기의 수분을 흡수해서 변이 딱딱해지는 것입니다. 딱딱한 변은 나오기가 힘들어서 어린아이는 변을 보다 항문이 찢어지기도 합니다. 당연히 아프죠. 그러면 아이는 그 아팠던 기억 때문에 변 보기를 싫어하고 두려워해서 대변이 마려워도 참습니다. 그러면 변비가 더 악화되고 아이는 배가 더 부룩해서 더 안 먹고…. 한마디로 악순환입니다.

변비의 또 하나의 원인은 편식에 있습니다. 통곡물, 해조류, 채소 등에는 섬유질이 많이 들어 있습니다. 섬유질은 자기 무게보다 많은 양의 수분을 흡수하여 대변 양을 늘리고 또 대변을 부드럽게 해 줍니다. 장의 운동을 촉진하기도 하고요. 육류 위주의 식사를 하거나 흰 쌀, 흰 밀가루만 좋아한다면 변비에 걸릴 수 있습니다.

물을 적게 마시는 것도 변비의 원인이 됩니다. 결론적으로 변비의 치료와 예방에 가장 중요한 것은 수분과 섬유질, 그리고 먹는 양을 늘리는 것입니다. 들어오는 것이 있어야 나가는 것이 있다는 단순한 원리입니다.

설사를 해요

예전에는 아이가 설사를 하면 몇 끼 정도 굶겼다고 합니다. 설사는 굶으면 낫는다고 말하는 어르신도 많습니다. 설사라는 것은 장이 과도하게 운동을 하는 것이기 때문에 음식물을 넣어 주지 않아서 장을 쉬게 하면 설사 증세가 좋아진다는 것이지요. 어른의 경우에 이것은 맞는 말입니다.

하지만 아이의 경우에 굶기는 것은 좋지 않습니다. 아이는 한창 성장기라 영양분이 많이 필요하고 또 체구 자체가 작아서 몸 안에 축적된 에너지 양도 적습니다. 어른이야 몇 끼 또는 며칠씩 굶어도 몸에 크게 무리가 되지 않지만 아이는 그렇지 않습니다. 굶어서 체력이 떨어지면 설사도 오래 갑니다. 게다가 안 먹겠다면 모르지만 먹겠다는 아이를 억지로 굶긴다는 것도 가혹하지요.

아이의 설사는 먹으면서 치료하는 게 원칙입니다. 단 설사하는 아이는 음식물에 아주 주의를 해야 합니다.

설사할 때 피해야 할 음식은 당분과 기름기 많은 음식, 찬 음식입니다. 설사를 하니까 수분을 많이 보충해 주어야겠다는 생각에 과일 주스를 자꾸 먹이면 오히려 설사가 악화됩니다.

아이의 설사가 위험한 이유는 탈수 때문입니다. 아이는 몸이 작아서 탈수도 쉽게 일어납니다. 소변 양이 확 줄었거나 소변 색이 너무

노랗거나 아이가 보채거나 기운 없어 한다면 탈수가 시작된다는 뜻이므로 빨리 조치를 취해야 합니다. 그러나 가벼운 설사는 식이요법만으로도 충분히 좋아집니다.

설사에 좋은 음식

전분이 많은 음식 전분은 설사하는 아이의 소화 흡수에 도움이 됩니다. 전분이 많은 음식으로는 빵, 쌀미음, 국수, 삶은 감자, 바나나 등이 있습니다.

익힌 사과 사과는 산이 적고 팩틴 성분이 많습니다. 사과는 그냥 먹으면 변비에 좋고 익히면 설사에 좋습니다. 다시 말해 익힌 사과는 변비를 유발하기도 한다는 뜻입니다.

곶감 대추 달인 물 곶감 2개, 대추 5알, 물 5컵 정도를 넣고 달입니다. 대추는 성질이 따뜻하여 소화기 계통의 기능을 강화하고 장에서 수분이 흡수되는 것을 돕습니다.

설사에 좋지 않은 음식

튀김 기름기가 많아 설사를 악화시킵니다.

과일 주스 당분이 설사를 악화시킵니다. 물에 타서 아주 엷게 해서 주는 것은 괜찮습니다.

우엉, 팥, 감귤류, 고구마

입병이 났어요

아이의 입 안이 허는 것은 바이러스나 세균에 감염되었기 때문입니다. 잘 먹지 않으면 몸이 약하고 면역력도 떨어져서 균과 싸워 이기는 힘이 약합니다. 그래서 잔병치레가 잦은 것입니다. 가뜩이나 안 먹는 아이가 입병이 나면 더 안 먹고 짜증을 내는 것이 당연합니다. 어른도 입병나면 얼마나 아픈지 생각해 보세요. 조금만 자극이 있어도 깜짝 놀랄 만큼 통증을 느낍니다.

입이 아프다고 해서 마냥 굶길 수는 없고 그래도 먹을 수 있는 것들을 만들어 먹여야겠죠. 입병이 난 아이에게 금기 사항은 자극적인 음식입니다. 너무 매운 것, 너무 뜨거운 것, 너무 새콤한 것, 또 너무 거친 음식 등 자극적인 음식을 피해 조리해 줍니다. 단 차가운 음식을 먹이는 것은 통증을 줄이는 데 도움을 줄 수 있습니다. 차가운 음식은 감각을 살짝 마비시켜서 음식을 그나마 삼킬 수 있거든요. 그렇다고 해서 아주 배가 부를 때까지 아이스크림을 먹는다거나 하면 안 되겠죠. 입병이 났는데 설사까지 하게 되면 큰일이잖아요.

입병 때문에 밥을 못 먹는다면 그냥 꿀꺽 삼킬 수 있게 유동식으로 음식을 만들어 주세요.

보약 먹이기

'보약이라도 먹여 볼까?'

아이가 밥을 너무 안 먹어서 걱정이면 엄마는 보약을 생각하게 됩니다. 그래서 한의사를 찾아가 '밥 잘 먹는 약 좀 지어 주세요.'라고 합니다.

'밥 잘 먹는 약'이라는 것은 비위를 보해 주는, 즉 소화기를 담당하는 위장과 비장을 튼튼히 해 소화 기능을 높여 주는 약입니다.

보약을 먹일 때는 보통 돼지고기나 튀김류, 밀가루, 설탕 등을 금합니다. 돼지고기는 성질이 찬 편이어서 약의 흡수를 막는다고 합니다. 또 밀가루도 성질이 차고 비위에 부담을 주며 지방이 너무 많은 튀김류도 소화가 잘되지 않기는 마찬가지입니다. 찬 음식을 멀리하는 것은 당연합니다.

보약을 먹다 보면 비싼 약값이 아까워서라도 평소보다는 더 음식에 신경을 씁니다. 평소에 설탕을 많이 먹는 것이 좋지 않고 밀가루가 소화가 안 된다는 것을 알고는 있지만 아이가 좋아한다면 제한하기 어려운 것이 사실입니다. 하지만 보약 먹는 동안만큼은 엄마도 의지를 가지고 먹지 말아야 할 음식을 제한하고 아이도 어느 정도는 수긍합니다. 엄마가 아닌 의사 선생님이 먹지 말라는 것이니 공신력을 가지는 것입니다. 과자나 사탕을 사 주던 할머니도 보약 먹일 때는 주의 사항을 열심히 따릅니다.

설탕 등의 단것, 아이스크림, 음료수 등의 찬 음식은 입맛을 떨어뜨리는 주된 요인입니다. 설탕, 음료수, 아이스크림, 흰 밀가루 음식 등을 먹지 않는 것이 보름 정도 지속되면 아이의 입맛도 어느 정도 바뀝니다. 그러니까 보약을 먹으면서 음식을 제한하는 기간은 아이의 식습관과 입맛을 바꾸는 기회가 될 수 있습니다. 또 약 덕택에 비위가 튼튼해지면 먹는 양도 당연히 늡니다.

그렇지만 아무리 좋고 비싼 보약도 아이가 안 먹으면 헛일이지요. 아이를 붙들고 억지로 입에 부어 줄 수도 없는 노릇이구요. 약을 먹일 때 정말로 이렇게 하는 엄마도 있는데 자칫하면 큰일 납니다. 약이 기도로 넘어갈 수도 있거든요. 약 먹이기가 너무나 힘들다면 의사 선생님과 상의해서 올리고당을 섞어 먹여 보세요. 올리고당은 설탕에 비해 열량도 적고 생리 활성 기능이 있다고 합니다. 충치 예방도 되고요. 올리고당도 당분이기 때문에 약의 쓴 맛을 덜어 주는 데 조금은 도움이 됩니다.

증류 한약을 이용해 보는 것도 방법입니다. 증류 한약은 달인 약재를 다시 증류해서 얻은 것으로, 맛이나 향이 거의 없어서 물과 비슷하다고 보면 됩니다. 물론 일반적인 한약에 비해 그 약효가 얼마나 있는가에 대해서는 이견이 많습니다.

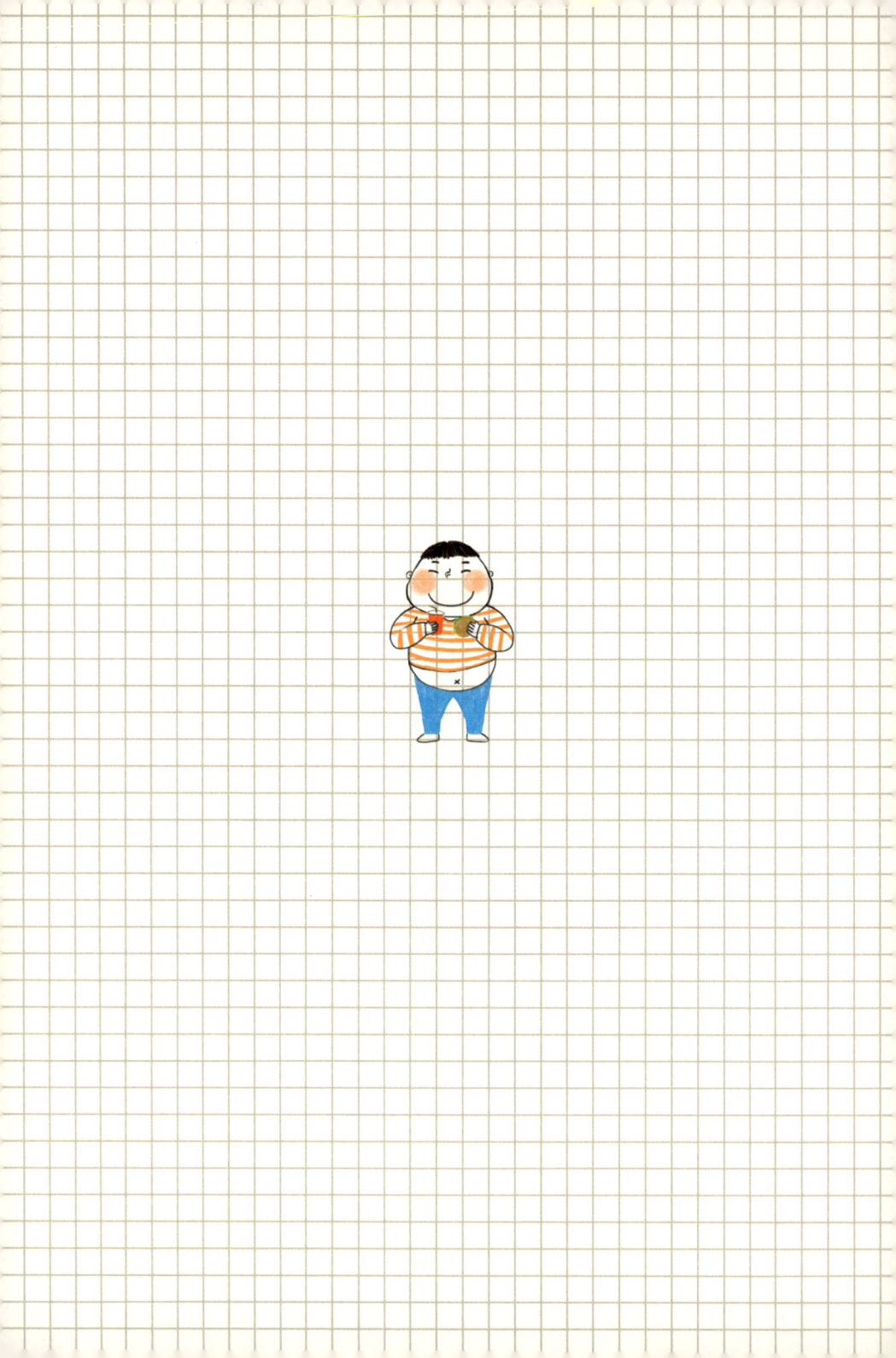

10 아이 밥 먹이기에 지친 엄마들에게

먼저 엄마가 느긋해져야 합니다. 아이 밥상 때문에 고민이고, 밥 안 먹는 아이, 편식하는 아이를 두어서 너무나 골치가 아픈 엄마는 엄마 스스로 아이 밥상에 너무 목숨 걸고 있는 건 아닌가 돌이켜 생각해 볼 필요가 있습니다.

엄마가 느긋해져야 합니다

　모든 가정이 다 똑같은 방식으로 아이를 키우지는 않습니다. 육아서는 너무나 많고 전문가들도 너무나 많지만 책에서 하라는 대로 따라하기란 어려운 일입니다. 물론 책대로 한다고 해서 아이가 책대로 되는 것도 아닙니다. 아이는 만드는 대로 만들어지는 것도 아니요, 키우는 대로 크는 것도 절대 아닙니다.

　가정마다 아이를 키우는 데 중요하게 생각하는 것은 다 다릅니다. 자유로운 분위기의 가정이 있는가 하면 규칙과 예의를 중요하게 생각하는 가정이 있습니다. 우리의 주제인 '밥 먹기'만 보아도 식탁에서 아이를 대하는 태도는 집집마다 다를 것입니다.

　가족 안에서의 질서를 중요하게 생각하고 아이를 왕자, 공주 대접해서는 안 된다는 생각이 있는 가정에서는 식탁에서도 엄한 규칙들이 있을 것입니다. 반면 식사 시간도 아이의 중요한 양육 과정 중의 하나라고 생각하고 아이를 중심으로 두는 가정은 식사 시간에 더 아이에게 집중하겠지요. 무엇이 옳고 무엇이 그르다고 할 수 있겠습니까.

　사람마다 성격도 다르고 인생관도 다르고 그래서 양육하는 방법도 다를 수밖에 없습니다. 예를 들어 학습을 중요하게 생각하는 엄마가 있습니다. 아이가 정해진 학습량을 다 끝내야 다른 일을 할 수 있으며 학원도 여러 군데 보냅니다. 또는 예의범절이 가장 중요하다 생각할 수도 있습니다. 동네 어른들께 인사하기, 옷 단정히 입기, 바른 말 쓰기 등을 꼼꼼히 지도합니다. 청결에 아주 많이 신경을 쓰는 엄마도 있습니다. 그리고 무엇보다 '먹는 것'이 가장 중요하다고 생각하는 엄마도 있는 것입니다.

아이 밥상 때문에 고민이고 밥 안 먹는 아이, 편식하는 아이를 두어서 너무나 골치가 아픈 엄마는, 엄마 스스로 아이 밥상에 너무 목숨 걸고 있는 건 아닌가 돌이켜 생각해 볼 필요가 있습니다. 몸에 좋지 않은 인스턴트 음식, 화학조미료, 패스트푸드 등은 절대 금지고 외식도 삼가며 장류도 담가 먹고 양념도 만들고 과자도 구워 주는 등 아이 입으로 들어가는 모든 음식물은 철저히 엄마 손을 거칩니다. 무엇을 먹여야 아이가 잘 먹을지 어떤 메뉴를 짜야 영양적으로 완벽할지에 골몰하고 종일 부엌에서 벗어나지 못합니다. 아이의 건강을 위하는 마음가짐은 좋습니다. 그러나 엄마가 지나치게 음식에 집중하면 자칫 아이와 함께 노는 시간이 부족해질 수도 있습니다. 세 끼를 완벽하게 차려 낸다는 것은 무척 많은 시간과 노동을 요구하는 일이기 때문입니다.

아이가 하루에 세 끼, 밥 먹을 때마다 엄마와 실랑이를 벌인다면 하루에 세 번을 엄마와 아이가 갈등을 겪는다는 이야기입니다. 그러면 엄마와 아이 사이가 좋을 수가 없습니다. 하루에 세 번이나 싸우는데 어떻게 관계가 좋겠어요. 엄마와 사이가 벌어지면 다른 것에서도 문제가 생깁니다. 그러니 엄마 스스로 먹는

문제에 조금은 무심해지는 것도 방법입니다. 종일 먹는 것 타령에서 벗어나 아이와 어울려 뒹굴고 놀며 좋은 시간을 보내 보세요. 의외로 밥 먹는 시간이 행복해질 수 있습니다.

아이는 금방 달라집니다

밥을 잘 안 먹는 아이, 편식이 심한 아이를 가만 보면 이유기를 제대로 보내지 못한 것이 원인인 경우가 많습니다.

이유식은 아기가 자라서 모유나 분유만으로는 필요한 영양을 다 섭취할 수 없게 되었을 때 시작하는 것입니다. 그런데 그보다도 더 중요한 것은 이유기가 밥 먹는 연습을 하는 시기라는 것입니다. 아기는 하루에 몇 번이고 먹어 왔던 같은 음식(모유, 분유)에서 벗어나 새로운 음식을 먹습니다. 밍밍한 젖에 비해 이유식은 새콤하기도 하고 달콤하기도 하며 고소한 맛이 있는 등 새롭고 신기한 맛입니다. 그뿐인가요, 이유식은 끈적끈적하기도 하고 물렁하기도 하고 까슬까슬하기도 합니다. 아기는 이런 여러 가지 음식을 먹어 보면서 새로운 음식을 받아들이는 훈련, 골고루 먹는 훈련을 하는 것입니다. 부드러운 젖꼭지에만 익숙했던 아기 입은 이제 딱딱한 숟가락에 적응해야 합니다. 빨아 먹는 것과 우물우물 씹어서 삼키는 것은 혀의 모양이나 목구멍이 열리는 타이밍이 다릅니다. 별것 아닌 것 같지만 아기는 계속 반복된 연습을 통해 '먹는' 훈련을 하는 것입니다. 이유기를 제대로 보내지 못하면 먹는 훈련 자체가 안 되어 있어서 밥 안 먹는 아이가 됩니다.

그렇다면 왜 이유식을 제대로 못했을까요? 여러 경우가 있겠지요. 시판 가루 이유식을 분유와 섞어서 우유병에 넣어 먹였다면 제대로 이유식을 했다고 볼 수 없습니다. 이유식을 시작해야 하는 시기에 아기가 아팠다면 이유식에 적응시키기가 어려웠을 것입니다. 또는 엄마가 직장인이라서 이유식을 만들어 먹이기가 힘들었을 수도 있습니다. 아기가 너무 까다롭게 구는 통에 이유식 먹이기가 어려웠을 수도 있습니다.

그러나 어쨌든 이유식 시기는 이미 지나갔습니다. 이제 아이는 밥을 먹습니다. 그렇다면 이유기를 놓쳤으니 이제는 어쩔 수 없는 일일까요? 그토록 중요한 이유식을 제대로 못했으니 돌이킬 수 없는 것일까요? 아이는 영영 이대로 잘 안 먹고 입맛 까다로운 아이로 자라는 것일까요? 절대 그렇지 않습니다. 아이가 한 살이라도 어릴 때, 아니 1개월이라도 더 어릴 때 습관을 바꾸어 주려는 노력을 하는 것이 필요합니다. 아이가 이제까지 잘못된 식습관을 가지고 있어도 그게 몇 년이나 되었겠어요? 밥 먹기 시작한 지 고작 1~2년, 길어야 4~5년입니다. 습관이 아무리 잘못 들고 입맛이 길들여졌어도 아이는 금방 고쳐집니다. 오히려 어른의 식습관 바꾸기가 훨씬 어렵습니다. 어른은 좋은 음식, 나쁜 음식에 대해 잘 알고 있고 이런저런 건강 상식들을 가지고 있지만 수십 년간 가져온 입맛과 기호를 바꾸기가 쉽지 않습니다.

하지만 아이는 산 날이 얼마 되지 않기 때문에 노력 여하에 따라 얼마든지 바뀔 수 있습니다. 아이는 자라면서 열두 번 변한다고 어르신들이 늘 말씀하시잖아요.

모든 것은 연결되어 있습니다

잘 안 먹고 편식하고 식사 예절이 좋지 않고 밥상머리에서 까다로운 아이는 다른 어려움도 같이 가진 경우가 많습니다. 예를 들어 잠투정도 심하여 잘 못 잔다거나 옷 입는 것도 까다롭고 고집도 세고 성격도 예민하고 불안과 두려움이 많은 아이일 수도 있다는 것입니다. 병치레도 잦습니다. 잘 안 먹으니 당연한 일이지요.

　요컨대 밥상머리에서 어려움은 아이의 기질적이기도 하다는 것입니다. 아이가 불안감이 크면 새 것에 대해 민감하고 거부하려는 모습을 보입니다. 새 옷이 조금이라도 불편하면 입지 않으려고 합니다. 별 문제가 없는데도 단지 못 보던 옷이라 입지 않으려고 하기도 합니다. 음식에서도 마찬가지로 아직 먹어 보지 않은 음식이면 자기가 좋아하는 맛인지 아닌지 알지도 못하면서 일단 거부부터 하는 것입니다. 조금만 마음에 안 드는 일이 있으면 징징거리거나 화를 잘 내는 아이는 음식도 낯선 맛이거나 조금만 뜨겁거나 차갑거나 거칠어도 뱉어내 버립니다.

모든 것은 연결되어 있습니다. 착하고 순하고 말도 잘 듣고 건강한데 유독 밥만 잘 안 먹는 아이는 드뭅니다(없지는 않습니다. 그런 아이가 있을 수도 있지요).

까다로운 아이가 밥도 잘 안 먹는 것은 너무나 당연합니다. 음식에서만 너그러울 수는 없으니까요. 씻기, 잠자리에 들기, 장난감 치우기, 약속 지키기 등의 생활 습관이 잡혀 있지 않은 아이가 식사 예절만 잘 지키리라고 기대하는 것도 무리입니다. 말했듯이 이 모든 것이 아이의 성격으로, 기질적 특성으로 연결되어 있는 것입니다. 그렇다면 왜 내 아이는 이렇게 까다로운 것일까, 무엇 하나 수월한 것이 없구나 한탄이 나올 만도 합니다. 하지만 바로 여기에서 희망의 종소리가 들립니다.

모든 것은 연결되어 있다는 얘기는 한 가지만 달라지면 다른 것들도 자연히 같이 좋아진다는 말입니다. 고구마 줄기 하나를 잡아 뽑으면 거기서 고구마가 줄줄이 달려 나오는 것처럼요. 제시간에 밥 먹는 습관 하나만을 제대로 들여 놓으면 아이의 일어나는 시간, 잠자는 시간, 공부할 시간을 정하고 관리하는 것이 훨씬 수월해집니다. 아이의 징징거리는 버릇이 고쳐지면 옷 입을 때 밥 먹을 때 잠잘 때가 한꺼번에 수월해집니다.

아이의 버릇을 고치는 것은 아이와 함께 좋은 시간을 보내고 아이의 긴장과 불안을 풀어 주는 것과 동시에 이루어져야 합니다. 엄마가 너무 잔소리만 하지 말고 아이와 교감하고 즐거운 시간을 충분히 보내면 모든 것이 한꺼번에 좋아지게 될 것입니다.

아이에게 문제점이 너무 많아서 이 모든 것을 어떻게 다 고칠 수가 있을까, 그러다 세월 다 가겠다고 한숨을 쉴지도 모릅니다. 하지만 모든 것이 아니라 한 가지, 또 한 가지에 집중하여 노력하다 보면 어느새 다른 것들도 좋아져 있는 것을 발견하게 될 것입니다.

에너지를 많이 소비하게 하세요

자고 일어나면 입이 깔깔하여 아침을 거르던 어른도 새벽 운동을 시작하면 아침을 먹게 됩니다. 동네를 한 바퀴 뛰고 왔는데 배가 안 고플 리가 없죠. 입맛이 없어 통 먹지를 못하다가도 등산이라도 한 번 하고 나면 밥맛이 꿀맛입니다.

사람은 먹는 것을 에너지원으로 씁니다. 에너지를 많이 사용하면 사용할수록 많이 먹는 것이 당연합니다. 채우려면 우선 비워 주어야 하니까요.

잘 안 먹는 아이는 기운도 없고 골골합니다. 뛰어놀기보다 방에서 컴퓨터 게임하는 것을 더 좋아한다면 식욕이 있을 리가 없습니다.

아이는 밖에서 뛰어놀아야 큽니다. 활발하게 많이 움직여야 배도 고프고 많이 먹게 됩니다. 또 몸을 많이 움직이면 성장판도 자극되어 키도 잘 크고 관절과 근육도 튼튼해집니다. 신체적으로 뿐만 아니라 놀이를 통해서 정서적, 사회적으로도 성장합니다.

그러니 종일 집 안에서 밥 타령만 할 게 아니라 아이를 데리고 밖으로 나가서 땀 흘리며 놀아 보세요. 밥상 앞에서 아이에게 잔소리 하느라 진을 빼는 것보다 아이랑 한바탕 놀다 들어오는 편이 엄마의 건강에도 훨씬 좋습니다.

밥상머리 아이 설득의 기술

얼굴 들이밀기 기법

심리학에는 얼굴 들이밀기 기법이라는 것이 있습니다. 여러 실험을 통해 그 유효성이 입증되었다고 합니다. 얼굴 들이밀기란 설득이나 협상에서 사용하는 일종의 전술인데요, 쉽게 설명하면 이렇습니다. 일단 큰 요구를 합니다. 상대가 받아들이기 어려운 큰 요구지요. 그러면 상대는 당연히 거절하겠죠. 그렇다면 이쪽에서는 그것을 양보하는 대신 그것과 연관된 작은 요구를 합니다. 훨씬 작아진 요구까지 거절하기에는 왠지 미안한 심리를 이용하는 것입니다.

아이에게 예를 들어볼까요? 밥을 잘 안 먹는 아이에게 한 가득 밥을 퍼 줍니다. 아이는 그 양에 질려서 안 먹겠다고 도리질을 하지요. "좋아, 그럼 이만큼." 하면서 반을 푹 퍼 냅니다. 아까보다 반이나 줄어든 양이니 아이는 별 저항이 없죠. 또 김치를 먹으라고 줘 봅니다. 싫다고 하면 '그럼 물김치라도' 하는 식입니다.
의외로 이것은 밥상머리에서 아이에게 효과가 있습니다.

제한된 선택

아이에게 선택의 기회를 줄 때는 제한을 두어야 합니다. "우유 먹을래?" 하고 묻는 것보다는 "우유 차게 줄까, 따뜻하게 줄까?" 하는 식입니다. 그러면 별로 우유를 먹고 싶지 않아도 뭔가 하나는 선택해서 먹어야 할 것 같은 느낌을 줍니다.

"우유 빨대 꽂아서 줄까, 컵에 따라 줄까?" 하고 물어 볼 수도 있습니다. 어찌됐든 우유를 먹는다는 것을 기정사실화하고 그 밖의 것에 선택권을 주는 것입니다. 그러면 강요받았다는 느낌은 줄어들고 스스로 선택해서 먹는 것이라는 느낌이 있습니다. 선택의 기회를 주되 선택의 폭은 제한해서 양자택일하게 하는 것입니다.

그러나 물론 실패할 수도 있습니다. "둘 다 싫어!"라고 말하지 말라는 법이 없으니까요. 우리 아이는 "카레밥 먹을래, 짜장밥 먹을래?" 하고 물었을 때 "고래밥!"이라고 외치기도 했습니다.

특별 대우해 주기

음식을 일종의 '상'인 것처럼 주는 방법입니다. "이건 특별히 너만 주는 거야. 네가 형이니까 주는 거야. 동생은 아기니까 주지 않을 거야. 오늘 착했으니까 이것 줄게. 한 개밖에 없는데 너를 제일 좋아하니까 너 줄게, 다른 사람한테 말하지 마…." 이런 식으로요.

홈쇼핑에서도 한정 판매! 특별히 오늘만! 이런 식으로 광고하면 기회가 많지 않다는 생각에 충동 구매를 하기도 하잖아요. 아이가 음식을 상으로 느낀다면 먹는 일 자체가 즐거워질 것입니다.

반대로 "안 먹으면 혼날 줄 알아. 컴퓨터 게임하는 대신 이거 다 먹어야 돼." 이런 식의 말은 음식을 벌로 느끼게 합니다. 당연히 아이가 음식을 멀리하겠죠.

설득은 긍정적인 말로

밥상머리에서 아이를 설득할 때는 긍정적인 말로 합니다.

"채소 안 먹으면 키도 안 크고 머리도 나빠져! 그래서 친구들이 다 놀릴거야."라고 말하기보다는 "채소를 먹으면 아주 날씬하고 예뻐지게 된대."라고 말하는 것이 좋습니다.

무엇에 대해 설득할 때 그것을 하지 않으면 닥쳐올 불행에 대한 얘기는 설득이라기보다는 협박입니다. 공포감을 주는 설득은 오히려 역

효과만 난다고 합니다. 사람은 자신에게 불쾌감을 주는 내용은 잊어버리고 싶은 심리가 있기 때문입니다.

칭찬의 역효과를 주의하세요

아이에게는 아무리 칭찬을 해도 부족하지 않다고 생각하나요? 아이 앞에서 대놓고 과도하게 칭찬하는 것은 좋지 않다고 합니다. 미국의 교육심리학자인 하임기 노트도 아이가 과도한 칭찬을 받으면 심리적으로 부담을 느낀다고 말했습니다. 정도 이상의 칭찬을 받으면 자신이 기대에 부응하지 못하는 아이가 될까 봐 불안해져서 잘하는 일도 오히려 망치는 경향이 있대요.

과도한 칭찬이라는 게 뭘까요? 아이의 구체적인 행동이 아니라 존재 자체를 칭찬하는 것, "넌 정말 착하고 천사 같아." "넌 완전히 어른이구나."와 같은 식의 칭찬입니다. 아이 입장에서는 늘 천사같이 행동해야만 한다는 부담감을 가지게 될 수도 있는 것이죠. 물론 부모 입장에서는 실제로 아이가 어떻든 간에 아이의 존재 자체가 정말 사랑스럽죠. 하지만 칭찬을 할 때는 구체적인 행동에 대해 칭찬합니다. 식탁에서라면 "숟가락질을 잘하는구나." "시금치도 먹었네." 하는 식으로요. 앞서 말한 '소식 전하기 칭찬'도 좋은 방법입니다.

아이가 잘 먹는 레시피

아이가 잘 먹을 수 있는 형태, 조리 방법은 물론
잘 먹을 수 있는 환경을 만들어 주는 엄마표 레시피를 소개합니다.

멸치주먹밥

적게 먹는 아이를 위한 요리

만드는 법

1. 밥은 소금, 참기름으로 밑간한다.
2. 잔멸치는 달군 프라이팬에 기름 없이 볶는다.
3. 고추장, 간장, 설탕, 물엿, 물을 넣고 양념이 끓으면 볶은 멸치를 넣어 살짝 조린다. 멸치와 양념을 처음부터 한꺼번에 넣고 볶으면 멸치가 딱딱해진다.
4. 당근, 오이 등은 잘게 썬다.
5. 밥에 잔멸치볶음, 당근, 오이, 김가루를 넣어 뭉친다.
6. 주먹밥에 통깨를 뿌린다.

재료 (2인분 기준)

- 밥 200g
- 잔멸치 50g
- 식용유 약간
- 통깨 약간
- 당근 ¼개
- 오이 ¼개
- 김가루 약간
- 소금 ½작은술
- 참기름 1작은술
- 고추장 1작은술
- 간장 1작은술
- 설탕 1작은술
- 물엿 1작은술
- 물 1큰술

NOTE

잔멸치볶음은 넉넉하게 해 두고 아이 밑반찬으로 먹이면 좋아요. 잔멸치라면 멸치를 잘 안 먹는 아이도 딱딱하게 걸리는 것도 덜하고 비린내도 적어서 잘 먹는답니다. 호두나 땅콩 부순 것 등의 견과류를 같이 넣어 조리하면 맛도, 영양도 좋아요.

쇠고기주먹밥

만드는 법

1. 밥에 참기름, 통깨, 검은깨를 넣고 소금으로 간한다.
2. 다진 쇠고기에 다진 실파, 마늘, 간장, 설탕, 참기름, 소금, 후춧가루로 간하여 볶는다.
3. 밥을 편편하게 펴서 꾹꾹 누르고 그 위에 쇠고기를 얹는다. 햄버거처럼 밥으로 고기 위를 덮는다(삼각김밥 틀이 있으면 편하다). 또는 밥과 쇠고기를 다 섞어서 동그랗게 꽁꽁 뭉친다.
4. 쇠고기 주먹밥은 부스러지기 쉽다. 따라서 작은 김으로 겉을 살짝 싸 주면 좋다.

재료 (2인분 기준)

밥 200g
다진 쇠고기 50g
참기름 1작은술
통깨 1작은술
검은깨 1작은술
실파 약간
간장 1큰술
다진 마늘 1작은술
설탕 1작은술
소금 ½작은술
후춧가루 약간

NOTE

김밥을 말 때면 김밥 안에 들어가는 밥 양에 놀란 적이 많아요. 김밥 한 줄에 밥 한 공기는 너끈히 들어가지요. 하지만 어른은 김밥 한 줄로는 만족이 안 되잖아요? 김밥 두어 줄 먹고서 간단히 먹었다고 생각하지만 사실은 상당한 양을 먹은 거예요.
아이에게 되도록 많은 양을 먹이고 싶다면 주먹밥을 이용해 보세요. 주먹밥 몇 개만 먹어도 아이는 배가 든든해져요.

불고기김밥

> 점심 모둠에서 먹기 좋은 간단 요리

만드는 법

1. 고기는 고기 양념에 재어 둔다.
2. 밥에 참기름, 소금, 통깨를 넣고 밑간한다.
3. 당근은 팬에 기름을 둘러 살짝 볶는다.
4. 달걀에 소금을 조금 넣고 풀어 얇게 부쳐 도톰하게 만다.
5. 불고기는 물기 없이 볶는다.
6. 김을 깔고 밥을 평평하게 골고루 편다. 그 위에 깻잎을 깔고 다른 속 재료를 올린다.
7. 터지지 않게 잘 말아 칼로 썰어 낸다.

재료 (2인분 기준)

- 밥 200g
- 깻잎 2장
- 당근 ¼
- 달걀 1개
- 쇠고기 50g
- 김 2장

고기 양념

- 간장 2작은술
- 다진 마늘 1작은술
- 참기름 약간
- 소금 약간
- 후춧가루 약간

비빔밥

만드는 법

1. 시금치, 고사리, 콩나물 등 각종 나물을 준비한다. 나물 대신 어린잎 채소를 이용해도 좋다. 어린잎은 흐르는 물에 씻은 후 체에 받쳐 물기를 뺀다.
2. 곱게 으깬 두부에 고추장, 설탕, 식초, 다진 마늘 등을 넣어 양념장을 만든다.
3. 달걀은 프라이한다.
4. 따뜻한 밥에 어린잎, 달걀프라이, 양념장을 얹고 참기름을 살짝 두른다.

재료 (1인분 기준)

- 밥 한 그릇
- 각종 나물, 어린잎 채소 약간
- 달걀 1개
- 두부 50g
- 고추장 ½큰술
- 설탕 1작은술
- 식초 1작은술
- 다진 마늘 1작은술
- 참기름 약간

NOTE
아이가 먹을 고추장 양념에는 두부를 곱게 으깨어 섞어 쓰면 좋아요. 덜 짜고 덜 매운데다 영양가 있는 두부까지 같이 먹일 수 있어요.

유부초밥

만드는 법

1. 유부는 뜨거운 물에 담갔다 건져 물기를 뺀다.
2. 다시마물에 간장과 설탕을 넣고 양념이 줄 때까지 조린다.
2. 당근과 우엉조림을 잘게 다져 볶는다.
3. 고슬고슬한 밥에 볶은 채소와 검정깨, 배합초를 넣고 뒤섞는다. 이때, 숟가락으로 마구 섞으면 밥알이 뭉그러지니 나무 주걱으로 살살 섞는다.
4. 조린 유부피에 밥을 꼭꼭 채워 넣는다.

재료 (2인분 기준)

- 유부피 10장
- 밥 200g
- 당근 ¼개
- 우엉조림 20g
- 간장 1큰술
- 설탕 1큰술
- 검정깨 약간

배합초

- 설탕 2큰술
- 식초 4큰술
- 소금 2작은술
- 다시마물 2큰술

NOTE

밥을 고슬고슬하게 지었더라도 촛물을 부어 섞으면 밥이 질어지는데요, 섞을 때 부채로 부치거나 선풍기 앞에서 섞으면 밥이 질어지지 않아요. 밥을 섞을 때는 밥알이 뭉개지지 않도록 나무 주걱으로 재빨리 뒤섞어야 해요.

> 편식을 예방하는 요리

고기버섯볶음밥

만드는 법

1. 쇠고기는 고기 양념에 재어 둔다.
2. 양송이버섯은 머리 부분만 잘게 썬다.
3. 당근, 양파, 호박도 잘게 썬다.
4. 기름 두른 팬에 고기를 볶는다.
5. 고기가 어느 정도 익으면 썰어 놓은 양송이버섯과 채소를 같이 넣고 볶는다.
6. 5에 찬밥을 넣고 볶는다.
7. 소금으로 간한다. 스테이크소스로 간을 해도 좋다.

재료(1인분 기준)

- 찬밥 1공기
- 쇠고기 50g
- 양송이버섯 50g
- 당근 ¼개
- 양파 ¼개
- 호박 ¼개

고기 양념

- 간장 2큰술
- 설탕 ½큰술
- 다진 마늘 1작은술
- 참기름 1작은술
- 깨소금 1작은술

NOTE

웬만한 음식을 다 잘 먹는 아이도 버섯을 좋아하는 경우는 드물어요. 하지만 버섯류는 항암을 비롯한 많은 약리 작용을 한답니다. 버섯은 특별히 강한 맛이 나지 않아 다른 식재료와 잘 어우러져요. 요리할 때 아무 데나 넣어도 크게 실패하지는 않는 재료가 바로 버섯이에요. 버섯은 고기와 궁합이 가장 잘 맞아요. 잘게 다져 넣으면 무엇이 고기고 버섯인지 구분이 쉽지 않아 아이에게 먹이기 좋아요.

채소볶음밥

만드는 법

1. 쇠고기는 갈아서 준비해 둔다.
2. 다진 쇠고기는 고기 양념에 재어 둔다.
3. 양파, 당근, 감자, 호박은 최대한 작게 썬다.
4. 기름을 두르고 양념한 쇠고기와 다진 채소를 볶는다.
5. 찬밥을 넣어 볶다가 소금으로 간한다.
6. 스테이크소스나 굴소스 등을 조금 넣어 간을 맞추면 더 맛있다.

재료 (2인분 기준)

- 밥 2공기
- 양파 ½개
- 당근 ½개
- 감자 ½개
- 호박 ½개
- 쇠고기 100g
- 올리브유 약간

고기 양념

- 간장 1큰술
- 다진 마늘 1작은술
- 맛술 1큰술
- 후춧가루 약간
- 설탕 2작은술

NOTE

채소를 골라낼 수 없을 만큼 작게 써는 것이 중요해요. 아이가 채소를 안 먹는 이유는 딱딱하게 씹히는 질감이 싫어서일 수 있으니 되도록 입 안에서 거슬리지 않게 해 주는 것이지요. 채소를 다질 때 '필러'라는 도구를 쓰면 좋아요. 필러로 채소를 얇게 저며 놓은 다음 잘게 썰면 조리 시간도 단축할 수 있고, 씹히는 질감을 많이 줄일 수 있어요.
양파를 다질 때는 매운 향에 눈물이 나서 힘든데, 껍질 벗긴 양파를 찬물에 잠시 담갔다가 썰면 조금 덜해요.

팽이버섯국수

만드는 법

1. 다시마와 멸치를 찬물에 넣고 끓인다. 멸치는 찬물에 넣어서 뚜껑을 연 채 끓여야 비린내가 나지 않는다.
2. 끓는 물에 국수를 삶고, 다시마와 멸치를 우려 낸 국물에 양파와 호박을 채 썰어 넣는다.
3. 팽이버섯을 넣는다. 팽이버섯을 자를 때는 밑동을 넉넉히 잘라야 버섯이 가닥가닥 떨어진다.
4. 다진 파, 마늘을 넣고 국간장으로 간한다.
5. 달걀은 지단으로 부쳐서 길게 채 썬다.
6. 삶아 놓은 국수에 육수를 부어 달걀지단을 올려 준다.

재료(2인분 기준)

소면 200g
다시마 1장
국물용 멸치 6마리
양파 ½개
호박 ½개
팽이버섯 50g
다진 마늘 1작은술
다진 파 1큰술
국간장 1큰술
달걀 1개

NOTE

국수 위에 몸에 좋은 것들로 각종 고명을 만들어 멋지게 올려 놓아도, 아이가 그 고명을 다 걷어내 버리고 면만 먹으면 엄마는 속이 상해요. 이럴 땐 국수 안에 팽이버섯을 넣어 보세요. 아이는 눈을 씻고 들여다보아도 국수 가락과 팽이버섯 가닥을 구별하지 못한답니다. 팽이버섯은 맛이 강하지 않아 국수인 줄 알고 그냥 먹게 돼요.

치킨퀘사디아

아빠도 아이도 좋아하는 요리

만드는 법

1. 닭가슴살은 맛술, 소금, 후춧가루를 조금 뿌려 밑간한다.
2. 밑간한 닭가슴살을 버터 두른 팬에 굽는다.
3. 구운 닭가슴살과 양파, 파프리카를 깍뚝썬다.
4. 썰어 둔 재료와 굴소스, 칠리소스, 다진 마늘을 섞어 볶는다. 또는 시판 스파게티소스를 써도 된다.
5. 토르티야 1장에 모차렐라치즈를 깔고 볶은 재료를 얹는다. 그 위에 다시 모차렐라치즈를 깔고 토르티야 1장을 그 위에 덮는다.
6. 속 재료가 빠지지 않도록 끝부분을 잘 눌러서 오븐 180도에서 15분 굽는다. 프라이팬 조리 시 뚜껑을 덮어 중약불에 양면을 구우면 된다.
7. 치즈가 녹을 정도로 구워 먹기 좋게 자른다.

재료 (2인분 기준)

- 토르티야 2장
- 닭가슴살 1쪽
- 맛술 1큰술
- 소금 약간
- 후춧가루 약간
- 양파 ½개
- 파프리카 빨강, 노랑 ¼개
- 버터 1작은술
- 모차렐라치즈 1컵
- 굴소스 1큰술
- 칠리소스 1큰술
- 다진 마늘 1큰술

햄버그스테이크

만드는 법

1. 고기는 살코기로 갈아서 준비한다. 쇠고기와 돼지고기를 섞으면 부드러운 식감과 맛을 살릴 수 있다.
2. 브로콜리, 양파, 당근, 버섯을 잘게 다져 물이 생기지 않도록 볶는다.
3. 갈아 놓은 고기는 소금, 후춧가루로 밑간하고 달걀을 풀어 넣는다.
4. 2, 3을 모두 넣고 빵가루를 넣어 가며 반죽 농도를 맞춘다.
5. 끈기가 생기도록 치대면서 동그란 모양을 빚는다.
6. 팬에 기름을 두르고 중불에서 익힌다.

재료 (1인분 기준)

- 쇠고기 50g
- 돼지고기 100g
- 빵가루 또는 밀가루 20g
- 달걀 1개
- 식용유 약간
- 브로콜리 약간
- 양파, 당근, 버섯 등 채소 약간씩
- 후춧가루 약간

밥전

혼자 먹기 편한 요리

만드는 법

1. 양파와 당근, 호박과 햄을 잘게 썬다.
2. 달걀을 풀어 1의 재료와 섞는다.
3. 소금으로 간하고 찬밥을 넣어 섞는다.
4. 팬에 기름을 두르고 모양 잡아가며 부친다. 반죽이 묽으면 밀가루를 조금 넣는다. 끈기가 생겨 쉽게 부쳐진다.

재료(2인분 기준)

- 양파 ¼개
- 당근 ¼개
- 호박 ¼개
- 햄이나 소시지 50g
- 달걀 1개
- 찬밥 1공기
- 밀가루 약간

NOTE

밥으로 전을 부치면 밥과 반찬을 따로 준비하지 않아도 훌륭한 한 끼 식사가 돼요. 모양도 예쁘고 집어먹기도 편해서 밥 먹기 싫어하는 아이에게 편하게 먹일 수 있어요. 소시지나 햄을 사용할 때는 합성아질산나트륨, 합성착향료 등 합성 첨가물을 넣지 않은 제품을 고르면 좋겠죠.

사골떡국

만드는 법

1. 떡국 떡은 물에 담가 불린다.
2. 사골 국물을 준비한다.
3. 달걀 흰자와 노른자를 나누어 지단을 부친다.
4. 쇠고기는 다져서 고기 양념하여 볶는다.
5. 사골 국물이 끓으면 떡국을 넣고 한소끔 끓인다.
6. 다진 마늘과 대파를 넣고 소금으로 간한다.
7. 떡국에 달걀과 쇠고기 고명을 얹고 후춧가루를 뿌린다.

NOTE

사골국물 만들기
1. 사골은 찬물에 두 시간 정도 담가 핏물을 뺀 후 데친다. 살짝 데친 첫물은 핏물과 불순물이 있으니 버린다. 뼈를 건져 내 다시 한 번 찬물에 씻는다.
2. 물이 팔팔 끓으면 사골을 넣는다. 양파, 대파를 통으로 같이 넣어 끓이면 누린내가 없어진다. 채소는 물러지면 건진다.
3. 서너 시간 이상 끓여 국물이 뽀얗게 우러나면 국물을 따라 낸다.
4. 끓는 물에 사골을 넣고 재탕한다. 세 번, 네 번까지 끓여도 뽀얀 국물이 계속 우러난다. 처음 고아 낸 국물과 두 번째, 세 번째 고아 낸 물을 합친다. 차갑게 식혀 위에 기름이 떠서 굳으면 걷어 낸다.

재료 (2인분 기준)

떡국 떡 300g
사골 국물 300g
쇠고기 100g
달걀 2개
다진 마늘 1작은술
대파 1큰술
후춧가루 약간

고기양념

간장 1큰술
다진 마늘 1작은술
설탕 ½큰술
맛술 ½큰술
깨소금 약간

동그랑땡

> 손으로 들고 먹기 쉬운 요리

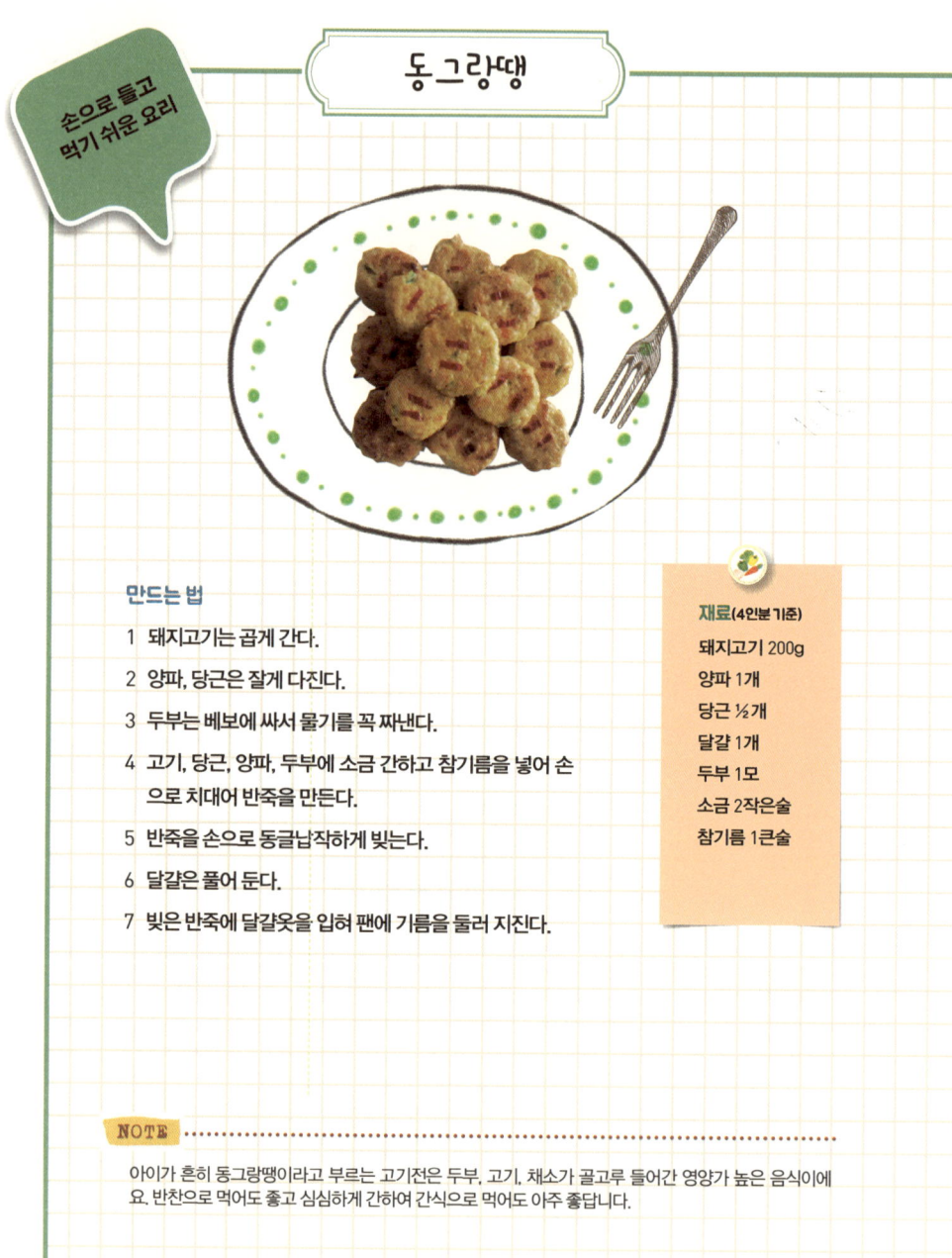

만드는 법

1. 돼지고기는 곱게 간다.
2. 양파, 당근은 잘게 다진다.
3. 두부는 베보에 싸서 물기를 꼭 짜낸다.
4. 고기, 당근, 양파, 두부에 소금 간하고 참기름을 넣어 손으로 치대어 반죽을 만든다.
5. 반죽을 손으로 동글납작하게 빚는다.
6. 달걀은 풀어 둔다.
7. 빚은 반죽에 달걀옷을 입혀 팬에 기름을 둘러 지진다.

재료 (4인분 기준)

- 돼지고기 200g
- 양파 1개
- 당근 ½개
- 달걀 1개
- 두부 1모
- 소금 2작은술
- 참기름 1큰술

NOTE

아이가 흔히 동그랑땡이라고 부르는 고기전은 두부, 고기, 채소가 골고루 들어간 영양가 높은 음식이에요. 반찬으로 먹어도 좋고 심심하게 간하여 간식으로 먹어도 아주 좋답니다.

꼬치어묵전골

만드는 법

1. 멸치와 다시마를 우려내어 육수를 만든다.
2. 어묵은 꼬치에 보기 좋게 끼운다.
3. 무를 나박 썰어 1에 넣고 국간장과 소금으로 간한다.
4. 어묵을 꼬치에 끼워 3에 넣고 끓인다.
5. 다진 마늘, 대파를 넣어 한소끔 끓인다.

재료(2인분 기준)

- 어묵 200g
- 무 50g
- 다시마 1장
- 멸치 5~6개
- 꼬치 2개
- 국간장 1큰술
- 다진 대파 1큰술
- 다진 마늘 1작은술

NOTE
어묵 요리를 할 때는 어묵을 끓는 물에 잠깐 담가 첨가물을 씻어 내세요.

영양밤밥

영양 가득 일품 밥요리

만드는 법

1. 밤은 껍질을 벗겨 얄팍하게 썬다.
2. 은행도 팬에 볶아 껍질을 벗긴다. 은행은 뜨거울 때 키친타월 위에 놓고 키친타월을 또 한 장 덮은 뒤 손으로 살살 굴리면 속껍질이 쉽게 벗겨진다.
3. 대추는 씨를 빼고 길게 썬다.
4. 솥에 쌀, 밤, 은행, 대추, 잣을 넣고 밥을 짓는다.

재료(2인분 기준)
쌀 1컵
밤 3~4개
은행 10알
대추 3~4개
잣 10개

NOTE

아기들이 밤을 먹으면 살이 붙는다고 합니다. 밤밥을 지을 때 찹쌀도 조금 섞으면 밥이 더 잘돼요.

냄비에 밥하기
1. 냄비 밥을 할 땐 압력밥솥보다 물을 조금 더 잡는다. 조금 진밥을 짓는다고 생각하면 된다.
2. 강한 불로 끓인다. 밥이 끓어오르면 냄비 뚜껑이 열릴 정도로 거품이 부글부글 생기는데, 이 거품은 걷어 낸다.
3. 거품이 어느 정도 잦아들면 불을 제일 약하게 줄인다. 그 상태에서 뚜껑을 덮고 15분 정도 뜸을 들인다.

김치날치알밥

만드는 법

1. 배추김치는 속을 털어 내고 꼭 짜서 송송 썬다.
2. 잘게 썬 김치에 참기름과 깨소금, 설탕을 넣고 무친다.
3. 오이, 단무지, 맛살을 잘게 다진다.
4. 뜨거운 밥에 김치, 오이, 단무지, 맛살, 날치알을 올린다.

재료(2인분 기준)

- 배추김치 100g
- 날치알 100g
- 맛살 1줄
- 단무지 1줄
- 오이 ¼개
- 밥 2공기
- 참기름 1작은술
- 깨소금 1작은술
- 설탕 1작은술

NOTE

알밥은 보통은 뜨거운 돌솥에 먹는데요, 그러면 돌솥의 열기에 알이 살짝 익으면서 톡톡 터지는 소리가 나요. 하지만 아이에게 돌솥이 위험할 수 있으니 돌솥에서 비빈 다음 다른 그릇에 옮겨 담아 주세요.

잡채

영양 가득 일품 면 요리

만드는 법

1. 당면은 삶아 먹기 좋게 자른다.
2. 쇠고기와 표고버섯은 길게 썰어 고기 양념에 재어 둔다.
3. 양파와 당근은 채 썬다.
4. 팬에 기름을 두르고 양념한 쇠고기와 표고버섯을 볶는다.
5. 양파, 당근도 볶아 소금으로 간한다.
6. 당면과 준비한 모든 재료를 큰 그릇에 담고 간장과 설탕을 넣어 버무린다.
7. 접시에 완성된 잡채를 담고 깨소금을 뿌린다.

재료 (2인분 기준)

- 당면 60g
- 쇠고기 50g
- 당근 ¼개
- 양파 ½개
- 표고버섯 4장
- 간장 2큰술
- 설탕 1큰술
- 깨소금

고기양념

- 간장 2작은술
- 설탕 1작은술
- 깨소금 1작은술
- 참기름 1작은술

NOTE

당면 삶기
당면이 퍼지지 않게 하려면 면을 삶자마자 찬물에 헹구어 물기를 빼 둬요. 물기 뺀 당면을 뜨거운 팬에 기름을 아주 조금만 두르고 재빨리 한 번 볶아내면, 오래 두어도 퍼지지 않아요.

스파게티

만드는 법

1. 양파를 잘게 다진다.
2. 양파와 손질한 해물을 함께 볶는다.
3. 스파게티 소스를 넣고 걸쭉하게 끓인다.
4. 면을 삶아 소스를 얹어 먹는다.

재료(2인분 기준)
- 스파게티 소스 200g
- 스파게티 면 150g
- 양파 ¼개
- 중새우 5마리
- 오징어 ⅓마리

NOTE

스파게티 면을 삶을 때는 면이 푹 잠길 만큼 물을 넉넉히 넣어 삶아야 해요. 스파게티 면은 소면보다 오래 삶아야 하는데 물이 부족하면 면이 고르게 익지 않아요.

스파게티 면 삶기
1. 냄비에 물을 담고 올리브유 두 스푼, 소금 한 스푼을 넣는다.
2. 물이 끓으면 스파게티 면을 달라붙지 않게 돌려 펴 넣은 후 7분 정도 삶는다. 중간에 한두 번 젓는다.
3. 면이 익으면 소쿠리에 건져 물기를 뺀다. 찬물에 헹구지 말고 올리브유를 한 스푼 정도 넣고 잘 섞어 둔다.

> 두부 듬뿍 영양 요리

두부달걀찜

만드는 법

1. 두부는 곱게 으깬다.
2. 뚝배기에 달걀을 풀고 물 100cc와 으깬 두부를 넣는다.
3. 다진 마늘·파, 맛술을 조금 넣고 새우젓으로 간한다.
4. 중불에 올려서 한 번 끓으면 불을 약하게 줄이고 속까지 익힌다.

재료 (1인분 기준)

달걀 3개
두부 ¼모
새우젓 1작은술
다진 마늘 1작은술
다진 파 약간
맛술 1작은술
물 100cc

NOTE

달걀찜은 단순한 요리인 듯하지만 한식 조리사 자격증 시험에서 대표적인 실기 기출문제 중 하나예요. 일식 조리사 시험에도 달걀찜 문제가 자주 나오고요. 달걀찜을 만들 때는 달걀을 푼 다음 생긴 거품을 깨끗이 없애야 표면이 매끄러워져요.

두부달걀말이

만드는 법

1. 두부는 곱게 으깬다.
2. 당근, 양파, 호박 등의 채소는 다진다
3. 달걀을 풀어 다진 채소와 으깬 두부를 넣고 소금 후춧가루로 간한다. 여기에 다진 마늘을 조금 넣어 주면 달걀 비린내가 가신다.
4. 팬에 기름을 두르고 달걀물을 붓는다.
5. 약한 불에 익히면서 뒤집개로 모양을 잡아 준다.
6. 다 익힌 달걀말이는 식힌 뒤에 썬다. 뜨거울 때 썰면 부스러진다.

재료(2인분 기준)
- 두부 ¼모
- 달걀 3개
- 당근, 호박, 양파 조금
- 다진 마늘 1작은술
- 소금 ½작은술
- 후춧가루 약간
- 식용유 약간

NOTE

달걀을 풀기 전에 알끈을 제거하면 더 잘 풀려요. 알끈이란 노른자를 잡아주는 실 같은 것인데, 젓가락으로 감아올려 제거하면 돼요. 달걀을 푼 다음 체에 걸러주어도 알끈을 제거할 수 있어요.

궁중떡볶이

몸에 좋은 건강 간식

만드는 법

1. 쇠고기는 고기 양념에 재어 둔다.
2. 가래떡은 한입 크기로 먹기 좋게 썬다.
3. 양파, 당근, 파는 채 썬다.
4. 양념장을 만들어 고기와 떡, 채소를 넣고 볶는다.

재료 (4인분 기준)

- 쇠고기 200g
- 가래떡 500g
- 양파 ½개
- 당근 ¼개
- 파 약간

고기 양념

- 간장 6큰술
- 설탕 2큰술
- 맛술 1큰술
- 다진 마늘 1작은술
- 깨소금 1작은술
- 참기름 1작은술

NOTE

궁중떡볶이는 고추장을 쓰지 않고 간장으로 만드는 떡볶이예요. 예전에 궁궐에서는 음식을 만들 때 고춧가루를 쓰지 않았다고 해서 궁중떡볶이라고 했답니다. 맵지 않아서 아이가 먹기 좋고 어른 상에 올려도 손색없는 요리예요.

새우튀김

만드는 법

1. 새우는 머리를 떼고 머리에서부터 두 번째와 세 번째 마디를 구부렸다 폈다 하면서 벌려 껍질을 벗긴다. 꼬리는 남겨 둔다. 껍질 벗기기가 번거로우면 깐 새우를 구입하자.
2. 이쑤시개로 배 쪽의 검은 실 같은 내장을 빼낸다.
3. 껍질 벗긴 새우는 맛술과 후춧가루, 소금을 뿌려 밑간해 둔다.
4. 튀김가루와 물을 1:1로 섞어 반죽을 만든다.
5. 비닐 팩에 튀김가루를 넣고 밑간한 새우를 넣어 흔든다. 골고루 가루를 묻혀야 튀김옷이 벗겨지지 않는다.
6. 5를 반죽에 넣는다. 꼬리 부분은 반죽을 묻히지 않는다.
7. 180도로 가열된 식용유에 넣어 튀긴다.

재료 (2인분 기준)

- 새우 10마리
- 튀김가루 200g
- 식용유 약간
- 소금 약간
- 후춧가루 약간
- 맛술 1큰술

NOTE

튀김을 바삭하게 하려면, 반죽에 쓰는 물은 얼음물을 써서 반죽을 되도록 차갑게 만들어요. 반죽에 식용유를 조금 넣으면 공기층이 만들어져 더 바삭하게 된답니다. 튀김 재료를 한꺼번에 너무 많이 넣으면 기름 온도가 떨어지게 되니 주의하세요. 낮은 온도로 튀기면 재료에 기름이 많이 흡수되어 느끼해져요.

단호박죽

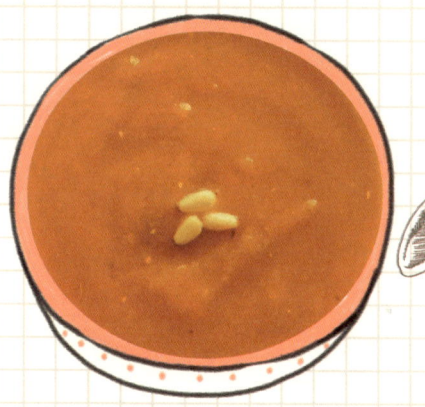

만드는 법

1. 단호박은 끓는 물에 데친다. 단호박은 껍질이 단단해서 데치지 않고는 자르기가 어렵다. 데친 후 파인 홈을 따라 칼질하면 쉽게 자를 수 있다.
2. 껍질을 벗기고 씨를 발라 토막 낸다.
3. 토막 낸 단호박에 물을 붓고 푹푹 삶는다.
4. 삶은 단호박을 체에 내리면 훨씬 부드러운 호박죽을 끓일 수 있다.
5. 찹쌀가루 반 컵에 물 반 컵을 넣고 풀어 준다.
6. 삶은 호박에 풀어 놓은 찹쌀가루와 물 한 컵을 넣고 끓인다. (호박 삶은 물을 사용하면 좋다)
7. 끓어오르면 불을 줄이고 나무주걱으로 저으면서 뭉근히 끓인다.
8. 죽이 거의 다 되면 설탕 1큰술, 소금 1작은 술을 넣는다. (소금 설탕을 따로 내어 입맛에 맞게 넣어 먹는다.)

재료(4인분 기준)
- 단호박 1개
- 찹쌀가루 ½컵
- 소금 1작은술
- 설탕 1큰술

NOTE

단호박에는 각종 비타민, 미네랄이 풍부해서 성장기 어린이나 허약 체질인 사람에게 좋아요. 호박은 약으로도 먹는 좋은 음식이에요. 단호박은 호박보다 단맛이 진해서 아이도 좋아하는데 껍질이 너무 단단하므로 다룰 때는 칼에 베이지 않게 조심하세요.

> 온 가족이 함께하는 주말 요리

견과류볶음

만드는 법

1. 달군 프라이팬에 아무 것도 두르지 말고 견과류를 살짝 볶아 준다.
2. 다른 팬에 간장, 올리고당, 식용유를 넣고 한번 끓어오를 만큼만 끓여 준다.
3. 조림장에 볶은 견과류와 건과일을 넣고 뒤적뒤적 섞어 준다.

재료(4인분 기준)
아몬드, 땅콩, 호두 등의 견과류 50g
건바나나, 건포도 등의 건과일 20g
간장 1작은술
올리고당 2큰술
식용유 1큰술

NOTE
견과류에는 양질의 불포화지방산이 함유되어 있어 아이 어른 할 것 없이 매일 조금씩 먹으면 좋아요. 볶음으로 만들어 두면 밑반찬으로도 먹을 수 있답니다.져요.

닭봉조림

만드는 법

1. 닭봉은 씻어 칼집을 내 소금과 후춧가루, 청주로 밑간 한다.
2. 프라이팬에 식용유를 두르고 닭봉을 노릇노릇하게 굽는다.
3. 냄비에 조림장을 넣어 끓인다.
4. 조림장이 끓으면 구운 닭봉을 넣고 조림장이 자작해질 때까지 조린다.

재료(2인분 기준)
닭봉 10개
식용유 1큰술
청주 1큰술
소금 약간
후춧가루 약간

조림장
다진 마늘 1큰술
설탕 1큰술
물엿 2큰술
간장 2큰술
고추장 1큰술
청주 1큰술
물 1컵

떡꼬치

만드는 법

1. 떡은 알맞게 잘라 꼬치에 끼운다.
2. 1을 기름을 넉넉히 두른 팬에 튀긴다.
3. 케첩과 고추장, 간장, 물엿, 설탕, 참기름을 섞은 양념장을 만들어 뭉근한 불에 조린다.
4. 땅콩은 껍질을 까서 다진다.
5. 튀긴 떡에 양념장을 바르고 다진 땅콩을 위에 뿌린다.

재료 (2인분 기준)

가래떡 200g
식용유 약간
땅콩 10알

양념장

케첩 3큰술
설탕 1큰술
고추장 2큰술
물엿 2큰술
간장 1큰술
참기름 1큰술

NOTE
떡을 튀길 때는 팬에 2~3스푼 정도의 기름을 넣고 떡을 굽듯이 튀기다가 소주잔 1개 정도의 물을 부어요. 이때 반드시 뚜껑을 덮어야 기름이 사방으로 튀는 것을 막을 수 있어요. 떡이나 만두 등을 튀길 때 물을 넣으면 기름을 적게 써도 타지 않아요.

메추리알장조림

아이와 함께 만드는 요리

만드는 법

1. 쇠고기는 덩어리째 찬물에 1시간 이상 담가 핏물을 뺀다.
2. 냄비에 물을 넣고 통양파, 대파 푸른 잎, 건고추, 통후추 등을 넣고, 끓으면 쇠고기를 덩어리째 넣어 끓인다. 거품은 걷어 낸다.
3. 메추리알은 삶아서 껍질을 벗긴다.
4. 고기가 어느 정도 익으면 건져 내고 육수는 체에 걸러 준비한다. 육수 1컵에 간장, 설탕, 청주, 생강즙, 물엿을 넣어 조림장을 만든다.
5. 조림장에 고기를 크게 찢어 넣고 약불에서 조린다.
6. 고기에 어느 정도 간이 배면 메추리알, 통마늘을 같이 넣고 조린다. 꽈리고추를 넣어도 좋다. 조림장이 바짝 졸아들면 불을 끈다.

재료(4인분 기준)

쇠고기(홍두깨살) 300g
메추리알 30알
통마늘 4~5쪽
양파 1개
대파 1개
통후추 1큰술
꽈리고추 2~3개

조림장

간장 5큰술
설탕 5큰술
청주 5큰술
생강즙 약간
물엿 2큰술

NOTE
달걀은 삶자마자 차가운 물에 담가요. 조금 있다가 물이 뜨거워지면 다시 찬물로 갈아 줘요. 이렇게 세 번 정도 하면 달걀 껍질이 쉽게 벗겨져요. 아이가 만져도 속살이 상하지 않게 껍질을 벗기려면 달걀을 골고루 부딪쳐 잔금을 많이 내 줘요.

연어샐러드

만드는 법

1. 양상추와 어린잎 채소는 씻어 물기를 뺀다. 양상추는 손으로 찢는다.
2. 양파는 가늘게 채 썰어 찬물에 잠시 담가 아린 맛을 뺀다.
3. 사과는 얇게 저민다.
4. 드레싱 재료를 잘 섞는다.
5. 연어, 사과, 채소를 잘 섞고 드레싱을 뿌린다.

재료 (2인분 기준)

훈제 연어 슬라이스 250g
양파 ½개
어린잎 채소 약간
사과 ½개
양상추 3잎

드레싱

레몬즙 1큰술
식초 ½큰술
꿀 1큰술
올리브유 1큰술
소금 약간
다진 파슬리 약간

감자샐러드

만드는 법

1. 감자는 껍질을 벗겨 물에 소금을 조금 넣고 삶는다.
2. 삶은 감자는 뜨거울 때 체에 내려 으깬다.
3. 달걀을 삶아 흰자는 칼로 다지고 노른자는 으깬다.
4. 오이는 작게 썰어 소금에 살짝 절여서 물기를 짠다.
5. 햄은 끓는 물에 살짝 데친 후 잘게 썬다.
6. 모든 재료를 넣고 마요네즈와 함께 버무려 소금으로 간한다. 으깬 감자가 재료들의 접착 역할을 하므로 마요네즈는 조금만 넣어도 된다.

재료 (1인분 기준)
- 감자 1개
- 달걀 1개
- 햄 50g
- 오이 ⅓개
- 마요네즈 2작은술
- 소금 약간

NOTE
샐러드는 아이와 함께 만들기 좋은 요리로 아이에게 감자와 달걀 노른자 으깨는 일을 시키면 재미있어 한답니다. 감자샐러드는 그냥 먹어도 좋고 식빵에 발라 감자샌드위치를 만들어도 좋습니다.

꼬막양념무침

만드는 법

1. 꼬막은 깨끗이 씻어서 연한 소금물에 담가 해감한다.
2. 끓는 물에 꼬막을 넣어 꼬막의 입이 벌어지면 건진다.
3. 꼬막의 한 쪽 껍질은 떼어 낸다.
4. 간장과 고춧가루, 다진 파, 다진 마늘, 깨소금, 참기름으로 양념장을 만든다.
5. 삶은 꼬막 위에 양념장을 조금씩 올린다.

재료(2인분 기준)

꼬막 200g
간장 1큰술
고춧가루 1작은술
다진 파 1큰술
다진 마늘 1작은술
깨소금 1작은술
참기름 약간

NOTE

꼬막을 삶아 한 쪽 껍질을 떼어 내고 일단 나머지 껍질도 떼어 내야 합니다. 그다음 보기 좋게 꼬막껍질에 꼬막 살을 얹어만 두는 것이지요. 그렇지 않으면 아이가 먹을 때 껍질에 들러붙어 있는 꼬막 살을 떼 내면서 사방으로 간장과 꼬막이 튈지도 몰라요.

도토리묵국수

설사 났을 때 먹는 요리

만드는 법

1. 찬물에 멸치와 다시마를 넣고 끓인다. 끓기 시작하면 멸치, 다시마를 건져 낸다.
2. 김치는 국물을 짜내고 참기름과 깨소금, 설탕을 넣어 무친다.
3. 도토리묵은 길게 썬다.
4. 마른 김은 바삭하게 구워 길게 썬다.
5. 멸치 국물에 국간장, 소금으로 간하고 다진 마늘, 대파를 넣는다.
6. 국물에 묵을 넣고 김치와 김을 고명으로 얹는다.
7. 소면이나 밥을 말아 먹어도 좋다.

재료(1인분 기준)

도토리 묵 ½모
국물용 멸치 5~6개
다시마 1장
배추김치 50g
마른 김 1장
국간장 1큰술
소금 1작은술
다진 마늘 1작은술
대파 1큰술
참기름 1작은술
깨소금 1작은술
설탕 1작은술

NOTE

묵은 일단 냉장고에 들어가면 맛이 없어져요. 상온에 보관하고 혹시 굳어졌다면 끓는 물에 살짝 데쳐 다시 탱글탱글하게 만들어요. 도토리묵에는 타닌 성분이 있어 소화 흡수에 도움을 주고 모세혈관을 튼튼하게 해 줘요. 설사를 할 때 도토리묵을 먹으면 좋고, 중금속 해독과 다이어트에도 좋다고 해요.

마늘빵

만드는 법

1. 마늘과 파슬리는 곱게 다진다.
2. 버터에 다진 마늘과 파슬리를 넣고 섞어 마늘버터를 만든다. 그릇을 따뜻하게 데워 사용하면 버터가 잘 녹는다.
3. 바게트에 마늘버터를 골고루 바른다.
4. 오븐이나 팬에 노릇한 색이 날 정도로만 살짝 굽는다.

재료(1인분 기준)
- 바게트 3조각
- 마늘 3쪽
- 버터 5큰술
- 파슬리 약간

NOTE

마늘이 좋은 것은 누구나 알고 있지만 매운 맛과 냄새 때문에 생으로 먹기는 꺼려져요. 이럴 때는 마늘을 익혀 보세요. 마늘을 굽거나 전자레인지 등으로 익히면 냄새와 매운 맛은 없어지면서도 주성분인 알리신 등의 손실은 거의 없다고 해요.

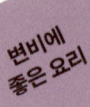
변비에 좋은 요리

고구마밥

만드는 법

1. 쌀을 씻어 불린다.
2. 고구마는 껍질을 벗겨서 깍뚝썰기 한다.
3. 쌀과 고구마를 섞어서 밥을 한다.

재료(2인분 기준)
쌀 1컵
고구마 1개

NOTE ....
요리라고 하기 민망할 정도로 쉬운 음식이에요. 고구마 밥을 하면 밥 자체에 단맛이 생겨서 아이가 좋아해요. 고구마 밥은 고구마 맛이 따로 튀지 않아서 어른도 다른 반찬과 먹기에도 좋아요. 고구마에는 식물성 식이섬유가 많아 변비를 예방해요. 또 대표적 항암 물질인 베타카로틴도 듬뿍 들어 있답니다.

홍합미역죽

만드는 법

1. 다시마 육수를 만든다. 다시마는 찬물에 넣고 가열해 물이 끓기 시작하면 건져낸다. 오래 끓이면 국물이 끈적해진다.
2. 마른 홍합은 물에 불린다.
3. 미역은 물에 불린다. 불린 미역은 거품이 없어지도록 찬물에 바락바락 씻어야 한다.
4. 냄비에 찬밥, 불린 미역, 홍합을 넣고 다시마 육수를 넣어 끓이다가 소금으로 간을 맞춘다.

재료 (1인분 기준)

밥 1공기
마른 미역 10g
마른 홍합 10개
다시마 1조각
소금 약간
물 3컵

> **NOTE**
>
> 미역은 칼슘과 요오드로 유명하지요. 요오드는 성장기 어린이들에게 중요한 영양소예요. 시원한 맛을 내는 미역은 홍합, 황태, 쇠고기, 닭고기 등 여러 재료와 잘 어우러져요. 미역국을 끓일 때 넣는 재료를 바꾸어가며 끓이면 다양한 맛을 즐길 수 있어요.
> 홍합은 미역과 궁합이 좋은 식품이에요. 홍합에는 칼슘, 인, 철분이 다량 함유되어 있어 자양강장제로 불려요.

브로콜리새우볶음

만드는 법

1. 브로콜리와 콜리플라워는 꽃 부분만 떼어 먹기 좋게 자른 후 끓는 물에 소금을 넣고 살짝 데친다. 너무 오래 데치면 물컹해져 맛이 없다.
2. 볼에 청주, 녹말가루, 소금을 넣고 새우를 버무린다.
3. 팬에 기름을 두르고 브로콜리와 콜리플라워를 살짝 볶는다.
4. 3에 2의 새우를 넣고 같이 볶는다.
5. 4에 양념장을 넣고 걸쭉하게 조린다.

재료(4인분 기준)

브로콜리 1개
콜리플라워 1개
칵테일 새우 10개
소금 약간
청주 2작은술
녹말가루 1큰술

양념장

물 ½ 큰술
청주 1큰술
설탕 1작은술
소금 1작은술
녹말가루 1큰술
올리브유 3큰술

NOTE
브로콜리는 미국 시사 주간지 〈TIME〉이 선정한 세계 10대 건강 식품에 뽑힐 만큼 좋은 음식 재료예요. 암 발생을 억제하는 성분이 들어 있으며 섬유질과 비타민 C가 많아 피부에도 좋아요.

한끼 해결하기 좋은 간단 레시피

아침 먹고 돌아서면 점심, 점심 먹고 돌아서면 저녁,
매 끼니 챙기고, 먹기 힘든 아이와 엄마를 위한 간편 요리.

밥, 반찬, 국

오므라이스

재료(1인분 기준)

고기(종류 무관) 50g
양파 ¼개
피망 ½개
당근 ¼개
버섯 50g
찬밥 200g
달걀 1개
토마토케첩 1큰술
(또는 스테이크소스)
소금 1작은술
후춧가루 약간

만드는 법

1 채소, 고기, 버섯 등 모든 재료를 잘게 썬다.
2 달군 프라이팬에 고기와 채소를 넣어 볶고 소금, 후춧가루로 간한다.
3 토마토케첩을 조금 넣는다. 취향에 따라 스테이크소스나 다른 소스로 간을 해도 좋다.
4 찬밥을 넣고 더 볶는다. 뜨거운 밥을 넣으면 밥이 기름을 많이 흡수해 느끼해질 수 있다.
5 달걀로 얇게 지단을 부쳐 밥을 감싼다.

TIP

밥을 달걀지단으로 예쁘게 감싸려면?

프라이팬에 지단을 부친 후 그 위에 볶음밥을 동그랗게 얹으세요. 그릇을 그 위에 엎어서 프라이팬을 뒤집으세요. 달걀지단이 그릇 위에 덮이면 가장자리를 그릇 안으로 넣어 줍니다. 케첩으로 지단 위에 아이가 원하는 그림을 그려 주거나 이름을 써 주면 아이가 재미있어하며 잘 먹어요.

오징어덮밥

재료(4인분 기준)

오징어 1마리
양파 1개
당근 ½개
양배추, 파프리카, 오이 등의 채소 200g
버섯 100g

양념

고추장 2큰술
간장 1큰술
설탕 2큰술
고춧가루 1큰술
맛술 1큰술
다진 마늘 1작은술
참기름 1작은술
깨소금 1작은술

만드는 법

1 오징어는 내장과 먹통을 떼어 내고 껍질을 벗긴다.
2 오징어 몸통 안쪽에 잔 칼집을 넣는다. 칼집을 넣으면 모양도 예쁘고 양념이 잘 배어 맛도 좋다. 또 아이가 먹기에 질기지 않고 부드럽다.
3 양파, 당근은 채 썰고 다른 채소들도 모양 좋게 썬다. 오이나 양배추를 넣으면 물이 많이 생기는데 이것이 싫다면 오이는 절였다가 물기를 짜서 넣는다. 하지만 덮밥으로 먹는다면 물이 생기는 것이 좋다.
4 모든 재료를 큰 볼에 넣고 고추장 양념을 넣어 재어 둔다. 20분 정도는 재어 두어야 양념과 오징어가 겉돌지 않는다.
5 팬에 기름을 살짝 두르고 센 불에서 볶는다.

TIP
오징어 손질

오징어는 싱싱할수록 껍질도 한 번에 잘 벗겨져요. 오징어 껍질은 위에서 아래로, 머리에서 다리 쪽으로 벗기세요. 냉동 오징어는 껍질 벗기기가 더 어려운데요, 껍질이 한 번에 쭉 벗겨지지 않으면 굵은 소금으로 문지르며 살살 밀어 벗기세요.

콩나물밥

재료(2인분 기준)
쌀 1컵
콩나물 한 줌
새싹 채소나 무순

양념장
진간장 2큰술
다진 파 1작은술
다진 마늘 1작은술
설탕 2작은술
통깨 1작은술
참기름 1작은술
고춧가루 1작은술

만드는 법

1 쌀을 씻어 불린다.
2 콩나물에서 수분이 나오므로 평소보다 훨씬 적게 밥물을 잡는다. 쌀과 물을 1 : 1 정도로 잡으면 된다.
3 1에 콩나물을 얹는다. 콩나물을 먼저 넣고 밥물을 잡으려면 콩나물에 가려서 쌀이 어느 정도인지 보이지 않는다. 반드시 밥물을 잡은 다음 위에 콩나물을 얹는다.
4 밥이 다 되면 그릇에 푸고 그 위에 새싹 채소를 조금 올린다.
5 간장, 다진 파, 마늘, 설탕, 통깨, 참기름을

넣어 양념장을 만든다. 양념장을 만들어 아이 몫을 덜어 둔 뒤 고춧가루를 넣는다.

📝 NOTE
콩나물밥을 하면 그 밥은 한 끼에 다 먹는 것이 좋아요. 오래 두면 나중에는 콩나물 비린내가 나요. 그리고 콩나물만 따로 삶아서 밥에 섞어 먹어도 좋아요. 그럼 콩나물 비빔밥이 되겠네요.

굴밥

재료(4인분 기준)
쌀 2컵
굴 1봉지
표고버섯 2~3개
팽이버섯 ⅓봉
양념장
간장 ½컵
참기름 1큰술
깨소금 1큰술
다진 마늘 2작은술
다진 파 1큰술

만드는 법
1 굴은 소금물에 흔들어 씻는다.
2 표고버섯은 불려 밑동을 잘라 내고 물기를 짠 다음 잘게 다진다. 팽이버섯은 밑동을 잘라 낸다.
3 솥에 쌀, 굴, 표고버섯, 팽이버섯을 넣어 섞은 뒤 물을 붓고 밥을 짓는다. 밥물은 평소대로 잡으면 된다.
4 양념장을 만들어 비벼 먹는다.

📝 NOTE
굴은 흔히 바다의 우유라고 하는데요, 굴에는 철분이 풍부하고 요오드는 우유의 200배나 들어 있다고 해요. 굴은 피부 미용에도 좋고, 변비도 예방하며, 비타민과 각종 미네랄이 신경조직과 근육조직을 고루 튼튼하게 해 준답니다.

김치콩나물죽

재료(1인분 기준)
밥 1공기
물 4컵
배추김치 100g
콩나물 50g
국물용 멸치 5~6마리
참기름 1큰술
맛술 ½큰술
국간장 1큰술
다진 파 약간
김 약간

만드는 법

1 찬물 4컵에 멸치 대여섯 마리를 넣고 뚜껑을 열고 끓여 멸치 국물을 만든다.
2 배추김치는 속을 털어 내고 송송 썬다.
3 멸치 국물에 김치와 국간장, 맛술을 넣고 끓인다.
4 3에 찬밥을 넣고 푹 퍼지도록 끓인다.
5 다 끓으면 콩나물을 넣고 한소끔 더 끓인다.
6 국물이 자작해지도록 끓인 다음 소금으로 간하고 다진 파와 참기름을 넣는다.
7 위에 마른 김을 길게 잘라 올린다.

NOTE
콩나물은 비타민C 외에도 단백질, 아스파라긴이 풍부해 감기에도 좋고 변비에도 좋으며 어른들의 숙취 해소에도 좋아요. 김치를 넣고 끓여 뜨거울 때 먹으면 감기로 떨어진 입맛을 찾는 데도 도움을 준답니다.

닭볶음탕

재료(4인분 기준)

닭 1마리

감자 3개

양파 2개

당근 1개

풋고추(피망)

양념장

고추장 2큰술

고춧가루 2큰술

간장 1큰술

다진 파 1큰술

다진 마늘 1작은술

참기름 1작은술

후춧가루 약간

맛술 1큰술

만드는 법

1 닭은 중간 크기로 준비한다. 볶음탕용으로 토막 낸 것을 구입하면 편하다. 손질된 닭은 찬물에 여러 번 깨끗이 씻어 준비한다.

2 감자는 큼직하게 잘라 찬물에 잠시 담가 둔다.

3 양파, 당근도 큼직하게 자른다. 감자, 당근 등의 모서리를 둥글게 다듬으면 부서지지 않아 더 보기 좋은 음식을 만들 수 있다.

4 풋고추나 피망은 잘라서 안의 씨를 턴다.

5 토막 낸 닭은 후춧가루, 소금, 맛술을 넣어 살짝 밑간한다.

6 밑간한 닭을 냄비에 넣고 기름을 둘러 볶는다. 닭 표면이 하얗게 익도록 볶다 보면 닭에서 기름이 흘러나온다. 이 기름은 버린다.

7 닭이 어느 정도 익으면 양파, 당근을 넣어 같이 볶는다. 살짝 볶은 후 재료가 반 이상 잠기도록 물을 붓는다.

8 고추장, 간장, 고춧가루, 다진 파, 다진 마늘, 참기름, 후춧가루, 맛술로 양념장을 만들어 넣는다. 한 번 끓어오르면 불을 줄여 재료가 푹 익도록 뭉근하게 끓인다.

9 거의 익으면 고추나 피망을 얹는다. 국물이 자작해질 때까지 끓인다.

불고기

재료(4인분 기준)

쇠고기 불고기감 600g

대파 1대

양파 ½개

버섯 100g

(새송이, 느타리, 팽이버섯 모두 좋음.)

양념

간장 ½컵

배즙 ½컵
설탕 3큰술
다진 파 1큰술
생강즙 1큰술
다진 마늘 1작은술
참기름 1작은술
깨소금 1작은술
맛술 2큰술

만드는 법
1 쇠고기는 먹기 좋은 크기로 썬다.
2 양파는 채 썬다. 버섯도 먹기 좋게 썬다. 대파는 큼직하게 어슷 썬다.
3 양념 재료를 모두 섞어 고기 양념을 만든다.
4 고기와 채소에 양념을 넣고 잘 배도록 조물조물하여 30분 정도 재어 둔다.
5 달군 팬에 굽는다.

TIP
배즙은 고기의 육질을 연하게 하고 냄새도 없애는 효과가 있으니 꼭 넣으세요. 키위즙을 넣어도 좋아요.

돼지고기고추장구이

재료(2인분 기준)
돼지고기 300g
양파 ½개
풋고추 2개
쪽마늘 3~4개

양념
고추장 2큰술
진간장 2큰술
설탕 2큰술
청주나 와인 1큰술
다진 파 1큰술
다진 마늘 1작은술
생강 1작은술
깨소금 1작은술
참기름 1작은술

만드는 법
1 돼지고기는 목살이나 등심으로 준비한다. 돼지고기에 잔 칼집을 넣으면 양념이 고루 밴다.
2 양파는 채 썰고 파와 고추는 어슷 썬다. 마늘은 얇게 저민다.
3 고추장, 진간장, 설탕, 술, 다진 파, 다진 마늘, 생강, 참기름, 깨소금을 넣어 양념장을 만든다.

4 돼지고기와 양파, 풋고추, 마늘, 파에 양념장을 넣어 양념이 배게 손으로 주무른다.
5 팬에 기름을 살짝만 두르고 지진다.

📝 NOTE

돼지고기는 중금속을 흡착하여 배출한다고 하지요. 그래서 광부들이 많이 먹게 되었다는 이야기가 있죠. 돼지고기에는 철분이나 각종 미네랄이 풍부하여 성장기의 어린이에게는 아주 좋은 음식이에요.

탕수육

재료(2인분 기준)
돼지고기 400g
맛술 1큰술
생강즙 2작은술
소금 1작은술
달걀 2개
후춧가루
전분가루
식용유
소스
양파 ¼개
당근 ¼개
오이 ¼개
피망 ¼개
통조림 파인애플 2조각
식초 1큰술
설탕 1큰술
케첩 1큰술

만드는 법

1 돼지고기는 기름을 떼어 내고 먹기 좋은 크기로 준비한다.
2 손질한 돼지고기를 맛술, 생강즙, 소금, 후춧가루로 밑간한다.
3 달걀을 풀어 전분을 넣고 반죽한다. 반죽에 돼지고기를 넣고 주무른다.
4 끓는 기름(170℃ 정도)에 반죽한 돼지고기를 넣고 튀긴다. 튀기는 도중 서로 붙지 않게 떼어 준다. 두 번 튀겨야 바삭하다.
5 양파, 당근, 오이, 피망 등의 채소는 먹기 좋은 크기로 썬다.
6 팬에 양파와 당근을 넣고 볶다가 오이와 피망을 넣는다. 그리고 통조림 파인애플을 넣고 볶는다.
7 볶은 채소에 물, 식초, 설탕, 케첩을 넣고 물에 푼 전분을 넣어 농도를 맞춘다. 튀긴 돼지고기에 소스를 곁들여 먹는다.

📝 NOTE

아이 스스로 먹기에는 아무래도 일품요리가 편답니다. 숟가락으로 밥을 떠 먹고 반찬은 따로 집어 먹는 일이 어린 아이에게 힘든 일일 수 있어요. 밥과 반찬을 따로 먹지 않아도 되는 다양한 일품요리를 만들어 주세요.

있어요. 이는 호두에 들어 있는 필수지방산, 오메가 3 덕분인데요. 오메가 3는 피를 맑게 하고 혈관을 튼튼히 하는 데도 도움을 줘요. 이렇게 몸에 좋은 호두지만 특유의 떫은 맛 때문에 아이는 잘 먹지 않으려고 합니다. 이럴 때 호두를 가루로 내어 음식에 넣으면 아이도 부담 없이 먹을 수 있습니다.

마른새우호두볶음

재료(2인분 기준)
마른새우 200g
실고추 약간
참기름 1큰술
호두 100g

조림장
간장 1큰술
맛술 2큰술
설탕 1큰술
물엿 약간

만드는 법
1 마른새우는 물에 불렸다가 물기를 뺀다.
2 호두는 잘게 부순다.
3 냄비에 참기름을 두르고 마른새우를 볶는다.
4 어느 정도 볶아지면 조림장과 호두 가루를 넣고 조린다.

✏️ **NOTE**
호두는 아이 두뇌 성장, 발달에 좋다고 알려져

새우케첩볶음

재료(2인분 기준)
새우 20마리
청주(와인) 1큰술
진간장 2작은술
다진 파 1큰술
다진 마늘 1작은술
생강즙 1작은술
식용유 1큰술
녹말가루 2작은술

양념장
케첩 2큰술
진간장 2큰술
청주 1큰술
설탕 1큰술

만드는 법

1. 새우는 중간 크기로 준비해 손질한다.
2. 손질한 새우에 청주와 간장을 자작하게 부어서 간이 배도록 30분 정도 잰다.
3. 녹말가루는 물에 푼다.
4. 팬에 기름을 두르고 새우를 재빨리 볶는다.
5. 볶은 새우에 다진 마늘, 생강즙, 다진 파를 넣고 다시 한 번 볶는다.
6. 케첩과 간장, 설탕, 청주로 양념장을 만들어 넣는다.
7. 마지막에 녹말가루를 넣고 저어 걸쭉해지면 불을 끈다.

TIP

새우 손질법

새우는 머리를 떼어 내요. 손으로 새우 머리를 잡고 잡아당기면 머리가 빠져요. 머리를 떼고 나면 몸통 등쪽에 검은 실처럼 보이는 것이 있어요. 이것이 새우 내장인데, 이쑤시개 등으로 빼 내면 돼요.

버섯피망굴소스볶음

재료 (2인분 기준)

- 돼지고기 200g
- 느타리버섯 100g
- 팽이버섯 100g
- 새송이버섯 100g
- 붉은 파프리카 ½개
- 노란 파프리카 ½개
- 초록 파프리카 ½개

양념

- 소금 2작은술
- 후춧가루 약간
- 맛술 1큰술
- 굴소스 2큰술
- 다진 마늘 1작은술

만드는 법

1. 돼지고기는 기름이 없는 부분으로 준비해 길게 썬다.
2. 돼지고기에 후춧가루와 소금, 다진 마늘, 맛술을 넣고 밑간한다.
3. 버섯과 파프리카는 길게 썬다.
4. 팬에 기름을 두르고 돼지고기를 먼저 볶다가 나머지 재료들을 넣고 볶는다.

5 굴소스를 넣어 간하고 위에 통깨를 뿌린다. 꽃빵과 같이 먹으면 훌륭한 한 끼 식사가 된다.

📝 NOTE
버섯과 파프리카가 부재료가 아닌 주재료로 쓰이는 요리예요. 파프리카는 비타민A와 C가 많고 카로틴도 많이 들어 있어요. 고추와 다르게 맵지 않아서 아이도 먹을 수 있어요. 피망과 함께 색색의 파프리카를 쓰면 아주 멋진 요리가 된답니다. 피망과 파프리카는 사실 같은 종이예요. 붙어인 'pimento'가 일본을 통해 우리나라로 전해지면서 '피망'이라는 이름을 갖게 된 것이고, 그것의 독일어 이름이 파프리카예요. 지금 우리는 매운 맛이 나고 육질도 단단한 것을 피망이라 부르고, 달고 껍질이 얇으며 부드러운 것을 파프리카로 나눠 불러요.

도라지나물

재료(4인분 기준)
도라지 200g
소금 1작은술
깨소금 1작은술
다진 파 1큰술
다진 마늘 1작은술
참기름 약간
다시마 물

만드는 법
1 도라지는 가늘게 찢어서 소금을 넣고 바락바락 주물러 씻어 쓴맛을 뺀다.
2 씻은 도라지는 찬물에 담가 두어 남은 쓴맛을 빼낸다.
3 도라지가 억세면 끓는 물에 소금을 넣고 살짝 데쳐 낸다. 부드러우면 데치지 않아도 된다.
4 데친 도라지는 소금과 다진 마늘을 넣고 팬에 볶는다.
5 다시마 물을 자작하게 넣고 잠시 뚜껑을 덮어 익히면 도라지가 부드러워진다.
6 다 익으면 다진 파, 깨소금, 참기름을 넣어 맛을 낸다.

📝 NOTE
도라지는 호흡기 질환에 탁월한 효능이 있어요. 평소에 도라지를 자주 먹으면 목감기 예방에 큰 도움이 돼요.

채소무쌈

재료(3인분 기준)
쌈무 1팩
파프리카 ½개씩
햄 100g
달걀 2개
무순 약간
오이 ½개

겨자장
겨자가루 2큰술
설탕 2작은술
식초 2작은술
물 2큰술
다진 마늘 1작은술
소금 약간

만드는 법

1 파프리카는 색깔별로 준비해 5cm 길이로 가늘게 썬다.
2 햄은 끓는 물에 한 번 데쳐 같은 길이로 썬다.
3 달걀은 흰자, 노른자를 갈라 지단을 부친다. 달걀지단도 같은 길이로 썬다. 오이도 채 썬다.
4 무순은 씻어 준비한다.
5 쌈무 위에 손질한 재료들을 모두 넣고 돌돌 말아 썬다.

📝 NOTE

위의 재료들은 보기 좋게 여러 가지 색깔을 가진 채소로 준비한 것입니다. 이것 외에도 채 썬 당근, 데친 느타리버섯, 팽이버섯을 넣어도 아주 좋습니다. 그냥 먹어도 맛있지만 어른은 겨자장에 찍어 먹으면 더욱 맛있습니다.

뱅어포구이

재료(4인분 기준)
뱅어포 10장
고추장 4큰술
설탕 1큰술
물엿 1큰술
다진 마늘 1큰술
다진 파 1큰술
참기름 2작은술
올리브유 2작은술
통깨 약간

만드는 법

1 마른 행주로 뱅어포의 먼지를 떨어 낸다.
2 고추장에 설탕, 물엿, 다진 파, 다진 마늘, 참기름, 올리브유를 섞어 양념장을 만든다.
3 양념장이 너무 묽거나 되면 뱅어포에 바르

기가 힘들다. 물엿으로 농도를 조절한다.
4 양념장을 뱅어포의 한쪽 면에만 바른다.
5 석쇠에 뱅어포를 끼워 양념이 없는 면부터 불에 굽는다. 불에서 멀리 두고 구워야 타지 않는다.
6 구운 뱅어포에 통깨를 뿌린다.

📝 NOTE

뱅어는 대표적인 뼈째 먹는 생선이에요. 멸치보다 더 부드러워서 멸치를 싫어하는 아이도 뱅어포는 먹이기가 수월해요. 뱅어포는 도톰하고 색깔이 희고 구멍이 많지 않은 것이 좋아요. 뱅어포 구이를 할 때는 뱅어포에 양념을 발라 볕에 잠시 널어 두어요. 양념이 꾸덕꾸덕해질 만큼 마르면 잘 밀봉해요. 냉장고에 두었다가 먹을 때마다 조금씩 꺼내어 구워 먹으면 편해요.

청포묵무침

재료(3인분 기준)
청포묵 1모
마른 김 1장
김치 약간
양념장
간장 2큰술
물 2큰술

깨소금 1작은술
참기름 1작은술
고춧가루 약간

만드는 법

1 청포묵은 먹기 좋은 크기로 길게 썬다.
2 김은 구워 길게 자른다.
3 김치는 물에 씻어서 잘게 썬다.
4 간장, 참기름, 깨소금, 고춧가루, 물을 섞어 양념장을 만든다.
5 청포묵과 김치, 김에 양념장을 뿌려 묵이 부서지지 않게 살살 섞어 준다.

📝 NOTE

청포묵은 녹두로 만든 묵으로 녹두에는 비타민 B군이 많이 들어 있어요.
청포묵은 처음에는 투명하게 희고 탱글탱글한데, 시간이 지나면 금방 딱딱해져요. 딱딱해진 청포묵은 씹는 질감도 나쁘지만 맛도 없어요. 뜨거운 물에 10분쯤 담가 두면 다시 말랑말랑하고 낭창낭창해져요.

느타리버섯볶음

재료(3인분 기준)

느타리버섯 1팩

양파 1개

파프리카 1개

양념

간장 3큰술

설탕 1큰술

다진 마늘 2작은술

다진 파 1큰술

만드는 법

1 느타리버섯은 씻어서 끓는 물에 살짝 데친다.

2 데친 버섯은 물기를 꼭 짜서 먹기 좋게 찢어 둔다.

3 양파, 파프리카는 채 썬다.

4 물기를 짠 버섯에 간장, 설탕, 다진 마늘과 파로 양념한다.

5 팬에 올리브유를 두르고 양념한 버섯, 양파, 파프리카를 같이 넣어 볶는다.

6 통깨를 뿌려 낸다.

📎 **NOTE**

버섯은 아이가 잘 먹지 않는 대표적인 음식 중 하나예요. 아이를 버섯 요리 만들기에 동참시켜 보세요. 데친 버섯을 가닥가닥 찢는 것은 아주 어린 아이도 할 수 있거든요. 웬만큼 망쳐도 괜찮고요. 아이와 같이 버섯 요리를 하면 아이도 버섯에 조금은 관심을 가지게 될 거예요.

쇼고기무국

재료(4인분 기준)

쇼고기 국거리 200g

무 ¼개

국간장 3큰술

다진 마늘 2작은술

후춧가루 약간

소금 약간

대파 ½대

다시마 2장

만드는 법

1 가위집 낸 다시마를 우려내 다시마 물을 만든다.

2 쇼고기는 먹기 좋은 크기로 썰어 다진 마늘, 후춧가루, 소금으로 밑간해 둔다.

3 무는 한 입에 먹기 좋게 얄팍하게 썬다.

4 밑간한 쇼고기를 냄비에 넣어 볶는다.

5 4에 무를 함께 넣어 볶는다. 쇼고기와 무가 다 익은 듯하면 다시마 물을 넣고 푹 끓인다.

6 거품을 걷어가며 끓인 다음 국간장과 소금으로 간한다.

7 마지막에 어슷 썬 파를 넣는다.

📝 NOTE

무는 한방에서 약으로도 쓸 만큼 감기에 탁월한 효능이 있어요. 쇠고기무국에 들어가는 쇠고기, 무, 대파는 모두 감기에 좋은 음식이에요. 감기로 목이 아프면 음식물을 삼키기가 어려울 때는 미음이나 죽처럼 반 유동식으로 만들어 먹기 쉽게 만들어 주세요. 소아과 의사들은 열이 심하고 목이 너무 아파서 아무것도 먹을 수 없다면 찬 우유나 아이스크림을 주어도 좋다고 해요.

쇠고기완자탕

재료 (2인분 기준)

다시마 1장
쇠고기 300g
두부 ½모
달걀 1개
밀가루
다진 파 약간
간장 1큰술
참기름 1작은술

만드는 법

1 가위집을 낸 다시마로 육수를 만들어 둔다.

2 쇠고기는 살코기로 다져서 준비한다.

3 두부는 으깨서 물기를 짠 후 다진 쇠고기, 으깬 두부, 다진 파와 간장, 참기름을 넣고 치대어 동글동글하게 빚는다.

4 완자를 밀가루에 굴린 후 달걀물에 담근다.

5 냄비에 육수를 붓고 간장으로 간한다. 팔팔 끓으면 달걀물에 담근 완자를 넣어 끓인다.

TIP

다시마 육수 만들기

새다시마는 사방 10cm 정도로 잘라요. 행주나 키친타월로 표면에 묻어 있는 하얀 가루를 털어 내고 가위집을 내요. 냄비에 찬물을 담고 다시마 한두 장을 넣어 30분 정도 불려요. 다시마가 불었으면 불에 올려 5분 정도 끓여요. 너무 오래 푹푹 끓으면 오히려 맛이 없어요. 다 끓으면 다시마는 건져 내요.

국수, 전, 간식, 음료

해물국수

재료(2인분 기준)
소면 300g
오징어 ½마리
새우 3~4개
홍합 50g
표고 2장
당근 ¼개
양파 ½개
다진 마늘 1작은술
다시마 1장

만드는 법
1 오징어는 내장과 먹통을 떼어 내고 껍질을 벗겨 손질해 길게 썬다.
2 새우는 내장을 떼어 내고 손질한다.
3 홍합은 껍데기에 붙은 수염을 잘 긁어 내고 깨끗이 씻는다.
4 가위집 낸 다시마를 물에 불려 국물을 만든다.
5 표고는 갓 부분만 얄팍하게 썰고 당근, 양파는 가늘게 채 썬다.
6 다시마물에 손질해 둔 해물과 채소를 넣어 끓인다. 다진 마늘과 파를 넣고 소금으로 간한다.
7 다른 냄비에 소면을 삶아 찬물에 헹구어 사리지어 놓는다.
8 소면에 해물장국을 부어 먹는다.

김치스파게티

재료(2인분 기준)
김치 ¼포기
쇠고기 200g
양파 ½개
다진 마늘 2작은술
스파게티 소스 1컵
스파게티 면 400g

만드는 법
1 김치를 국물을 꼭 짠 후 송송 썬다. 매운 맛을 없애려면 김치를 물에 헹구어 꼭 짠다.
2 쇠고기와 양파는 잘게 다진다.
3 김치를 팬에 볶다가 다진 쇠고기와 다진 양파를 함께 넣어 볶는다. 다진 마늘을 넣는다.
4 스파게티 소스와 물 1컵을 넣고 걸쭉해질 때까지 끓인다.
5 스파게티 면을 삶아 소스를 얹어 먹는다.

시금치수제비

재료(2인분 기준)
멸치 5~6마리
다시마 1장
감자 1개
호박 ½개
대파 ½대
다진 마늘 ½큰술
국간장 1작은술
소금 1작은술
후춧가루 약간
시금치 100g
밀가루 300g
달걀 1개
식용유 1큰술

만드는 법

시금치 가루내기

1 시금치를 다듬어 씻어서 끓는 물에 데친다.
2 식으면 꽁꽁 뭉쳐서 냉동실에 넣는다.
3 얼었을 때 꺼내어 언 상태 그대로 강판에 간다.

수제비 반죽 만들기

1 그릇에 달걀 1개를 풀고 밀가루, 시금치 가루, 식용유, 소금, 물을 넣고 손으로 많이 치대어 반죽한다.
2 반죽을 비닐에 뭉쳐 넣고 냉장고에 1시간 정도 두었다가 사용하면 더 쫄깃하다.

끓이기

1 찬물에 멸치와 다시마를 넣고 끓여 국물을 만든다.
2 국물에 감자를 썰어 넣고 끓인다. 국물이 끓으면 수제비 반죽을 얇게 뜯어서 넣고 저어 가며 끓인다.
3 호박 썬 것, 어슷 썬 대파와 다진 마늘을 넣고 소금으로 간한다.
4 수제비가 위로 떠오르면 익은 것이다.

카레국수

재료(2인분 기준)
소면 200g
쇠고기 150g
양파 1개
감자 1개
카레가루 2큰술
물 ½컵
소금 1작은술
후춧가루 약간

만드는 법
1 고기와 채소는 사방 1cm 정도로 깍둑썬다.
2 기름을 두른 팬에 고기와 채소를 볶는다.
3 재료가 익으면 물을 붓고 푹 끓인다.
4 물 반 컵에 카레가루를 푼다.
5 물에 푼 카레가루를 3에 넣다.
6 걸쭉해지면 후춧가루를 약간 뿌린다.
7 국수를 끓는 물에 삶아 찬물에 헹군다. 국수는 찬물에 여러 번 헹궈야 밀가루 냄새가 없어진다.
8 물기를 뺀 국수 위에 카레 소스를 얹어 먹는다.

TIP
국수 맛있게 삶는 법

국를 삶을 때는 물을 넉넉히 넣고 삶아야 해요. 국수 삶는 물에 기름을 한두 방울 떨어뜨리고 국수가닥을 물에 넣자마자 바로 휘저어야 국수가 서로 붙지 않아요. 물이 끓어오를 때 한 컵, 부르르 끓을 때 또 한 컵 하는 식으로 서너 번 찬물을 부어 주면 국수가 쫄깃쫄깃해져요. 다 익은 국수는 찬물에 여러 번 헹구어 주세요.

메밀국수

재료(1인분 기준)

메밀국수 면 40g
무 ½개
대파 ½대

장국
다시마 1장
진간장 5큰술
설탕 1큰술
청주 3큰술
물 5컵

만드는 법

1 가위집 낸 다시마를 물에 넣고 끓여 육수를 만든다.
2 다시마 육수에 진간장, 설탕, 청주를 넣어 끓인다.
3 끓인 장국은 차게 식힌다.
4 무를 강판에 갈고 대파는 송송 썬다.
5 끓는 물에 메밀 면을 삶는다. 면이 끓어오를 때 찬물을 붓는다. 이렇게 두어 번 하고 불을 끈다.
6 그릇에 메밀 면을 담고 장국을 부어 무 간 것과 대파를 얹어 낸다.
7 어른은 고추냉이를 곁들여 먹으면 좋다.

NOTE

아기에게 메밀로 베개를 만들어 주면 메밀이 머리를 식혀 주어 땀띠를 예방한다고 합니다. 그만큼 메밀은 찬 성질이 있어서 계속해서 오래 먹는 것은 피하는 것이 좋습니다.

두유국수

재료(1인분 기준)

두유 2팩
소면 40g
두부 ¼모
오이 ¼개
소금 약간

만드는 법

1 소면은 끓는 물에 삶는다. 중간 중간 찬물을 부어 가며 삶으면 국수가 쫄깃하고 잘 불지 않는다.
2 두유와 두부, 소금을 넣고 믹서에 간다.
3 그릇에 삶은 소면을 담고 2에서 만든 국물을 붓는다.
4 오이를 채 썰어 위에 고명으로 얹는다.

TIP
집에서 두유 만들기

1 콩(흰콩, 노란콩, 검은콩 다 가능)을 하룻밤 이상 물에 불린다.
2 불린 콩에 소금을 한 스푼 넣어 30분 정도 푹 삶는다. 이때 거품은 걷어 낸다.
3 삶은 콩을 찬물에 헹군다.
4 콩과 콩 삶은 물을 1:1로 믹서에 넣어 간다.

닭칼국수

재료(3인분 기준)
닭고기 300g
호박 ½개
양파 ½개
칼국수 면 300g
양념장
국간장 4큰술
다진 파 1큰술
다진 마늘 ½큰술
참기름 약간
깨소금 약간

만드는 법
1 닭은 내장을 빼고 기름기를 떼 낸다. 닭꽁지 안쪽을 보면 허연 기름 덩어리가 보이는데 꼭 잘라 내야 한다. 닭은 깨끗이 씻어 토막 낸다.
2 토막 낸 닭은 푹 삶아 건진다.
3 닭을 삶은 국물에 삶은 닭살을 찢어 넣고 끓인다.
4 푹 끓으면 호박과 국수를 넣는다. 시판 칼국수를 샀을 때는 물에 한 번 헹군다. 국수에 묻어 있던 밀가루를 털어 내야 나중에 국물이 걸쭉하고 탁해지는 것을 막을 수 있다. 국수는 저으면서 끓인다.
5 양념장을 간에 맞게 넣어 먹는다.

🖉 NOTE
아이에게 닭살을 찢는 일을 부탁해 보세요. 아이는 손이 작아서 닭 뼈에서 살을 발라내는 일을 어른보다 더 잘할 수 있어요.

동치미막국수

재료(1인분 기준)

소면 200g
쇠고기 100g
오이 ¼개
소금 1작은술
깨소금 1작은술
참기름 1작은술
달걀 1개
동치미국물 2컵
동치미 무 약간
간장 2큰술
설탕 1큰술
청주 1큰술
참기름 약간
깨소금 약간

만드는 법

1 쇠고기는 고기 양념하여 팬에 볶는다.
2 오이는 썰어서 소금에 절였다가 물기를 꼭 짜서 살짝 볶는다.
3 달걀은 삶는다.
4 국수는 끓는 물에 삶아 건진다. 이때 국수는 소면을 써도 되고 메밀 면을 써도 된다.
5 그릇에 국수와 준비한 재료를 담은 후 삶은 달걀을 얹고 동치미 국물을 붓는다.

NOTE
찬 것은 입 안의 감각을 약간 둔하게 만들기 때문에 입병이 났을 때는 뜨거운 것보다 먹이기가 훨씬 수월해요. 차가운 동치미 국물로 국수를 만들어 주세요.

김치녹두전

재료(2인분 기준)

녹두가루 2컵
쌀가루 ½컵
돼지고기 200g
배추김치 200g
숙주 100g
고사리 100g
파 약간
실고추 약간

고기 양념

간장 1큰술
설탕 1큰술
맛술 1작은술
참기름 약간

만드는 법

1 녹두가루와 쌀가루는 섞어서 묽게 반죽한다.
2 돼지고기는 잘게 썰어 고기 양념한다.

3 배추김치는 속을 털어 내고 잘게 송송 썬다.

4 숙주와 고사리는 데쳐서 짧게 썰어 둔다. 파도 가늘게 채 썬다.

5 반죽한 녹두에 돼지고기, 김치, 숙주, 고사리, 파를 넣어 소금, 후춧가루로 간한다.

6 기름 두른 팬에 한 국자씩 반죽을 올려 부친다.

NOTE
녹두는 천연 해독제라고 불릴 만큼 해독 능력이 뛰어난 식품이에요. 한약 먹을 때 녹두를 먹지 말라고 하는 이유도 녹두가 약성을 떨어뜨리기 때문이라고 해요.

만드는 법
1 오징어는 손질해서 껍질을 벗겨 데친다.

2 데친 오징어를 가늘게 썬다.

3 양파, 당근, 감자, 파 등의 채소도 채 썬다.

4 그릇에 달걀을 풀고 밀가루와 생수를 넣어 반죽한다. 이때 소금으로 간한다.

5 밀가루 반죽, 오징어, 채소 썬 것을 잘 섞는다.

6 뜨거운 팬에 기름을 두르고 반죽을 조금씩 떠서 동그랗게 부쳐 낸다.

TIP
부침개 맛있게 부치는 노하우

부침개 반죽을 만들 때 얼음물을 사용하면 좋아요. 그리고 부침개는 센 불에 재빨리 부쳐내야 부침개가 기름을 많이 흡수하지 않고 바삭해요.

오징어부침개

재료(2인분 기준)

오징어 ½마리

양파 ¼개

당근 ¼개

감자 ½개

파 1개

밀가루 1컵

달걀 1개

소금 2작은술

식용유 약간

단호박부침개

재료(2인분 기준)
단호박 1개
부침가루 4큰술
찹쌀가루 ½컵
달걀 1개
소금 1작은술

만드는 법
1 단호박은 끓는 물에 데친다.
2 단호박에 패인 홈을 따라 칼질하여 토막 낸다.
3 찜통에 단호박을 넣고 푹 찐다.
4 쪄 낸 단호박은 살만 발라 체에 내린다.
5 달걀 1개, 찹쌀가루, 부침가루를 섞어 반죽한다.
6 5에 단호박을 섞고 소금으로 간한다.
7 팬에 기름을 두르고 반죽을 부어 동그랗게 부쳐 낸다.

TIP
단호박은 껍질을 벗기는 게 참 어려워요. 호박 자체가 무거워서 손으로 들고 벗기기가 어려울 뿐더러 껍질이 너무 단단해서 손을 다치기 십상이죠.
단호박 껍질을 벗길 때는 호박을 바닥에 놓고 한 손으로 단단히 잡은 채 칼로 조금씩 저미듯 벗겨 내요. 단호박을 살짝 데치면 껍질 벗기기가 조금 더 쉬워요.

부추전

재료(2인분 기준)
부추 ½단
깻잎 10장
오징어 ½마리
부침가루 1컵
달걀 1개
물 ½컵
식용유 약간

만드는 법
1 부추는 다듬어 씻어서 짧게 자른다.
2 깻잎도 잘게 썬다. 부침개에 깻잎을 넣으면 향도 좋고 맛도 좋아진다. 그 외 냉장고에 남아 있는 양파, 당근, 호박 자투리 등도 다 활용한다.
3 오징어는 내장을 빼고 껍질도 벗겨서 잘게 썬다.
4 그릇에 달걀 1개를 풀고, 부침가루와 물을 넣어 반죽을 만든다. 반죽에 모든 재료를 넣는다.
5 기름 두른 팬에 부쳐 낸다.

📝 NOTE

생긴 것이 파와 비슷해서 잘 안 먹으려고 하는 채소가 부추예요. 하지만 여름 부추는 인삼, 녹용과도 안 바꾼다는 말이 있을 만큼 영양과 맛이 뛰어나요.

심은 다음 잘 관리하지 않아도 알아서 잘 자라고 아무리 솎아내 먹어도 금방 또 퍼져 자라기 때문에 정력 채소라고도 불려요.

TIP

두부는 냉동할 수 없는 대표적인 식재료에요. 두부를 냉동하면 수분이 빠져서 스펀지처럼 구멍이 뻥뻥 뚫리고 퍼석퍼석해지거든요.

오래 보관하려면 밀폐 용기에 두부가 푹 잠기도록 물을 붓고 냉장고에 넣어 매일 매일 새 물로 갈아 주는 것이 좋아요. 두부를 한 번 데쳐서 보관해도 생두부보다는 더 오래 가요.

두부감자전

재료 (2인분 기준)

감자 1알

두부 ½모

시금치, 당근, 호박 등 채소 한 줌씩

만드는 법

1 감자는 껍질을 벗겨 강판에 간다. 갈아 놓으면 물이 생기는데 이 물은 따라 낸다.

2 두부는 뜨거운 물에 데쳐서 으깬다. 두부를 데치면 수분이 많이 빠진다. 생두부를 쓰려면 베보에 싸서 물기를 꼭 짜 낸다.

3 당근이나 시금치 등의 채소는 잘게 다진다.

4 모든 것을 다 넣고 약하게 소금간해서 반죽한다.

5 기름 두른 팬에 부쳐 낸다.

단호박튀김

재료(3인분 기준)
단호박 1개

튀김옷
밀가루 ⅔컵
달걀 1개
우유 ¼컵
버터 1큰술
소금 약간

만드는 법
1 단호박은 통째로 끓는 물에 데쳐서 세로로 반을 자른 후 얄팍하게 썬다.
2 달걀 1개를 풀어 넣고 우유, 버터, 밀가루, 소금을 넣어 튀김옷을 만든다.
3 얄팍하게 자른 단호박에 밀가루를 조금 묻힌다. 그래야 튀김옷이 떨어지지 않는다.
4 밀가루 묻힌 단호박에 튀김옷을 입힌다. 반죽은 조금 묽은 듯해야 튀김옷이 얇고 바삭하게 된다.
5 기름에 넣고 노릇하게 튀겨 낸다.

✏️ **NOTE**
여간해서는 먹게 되지 않는 단호박도 튀김을 하면 쉽게 먹을 수 있어요. 단호박만 튀겨도 되지만 길게 썰어 고구마나 양파, 당근 등의 다른 채소와 섞어서 튀겨도 맛있어요.

닭꼬치

재료(2인분 기준)
닭가슴살 300g
우유 1팩
소금 2작은술
후춧가루 1작은술

양념장
다진 마늘 1작은술
고추장 1큰술
맛술 1큰술
간장 1큰술
물엿 2큰술
참기름 약간

만드는 법
1 닭가슴살은 한입 크기로 잘라 우유를 뿌린 뒤 소금과 후춧가루로 밑간해서 30분쯤 둔다. 닭고기에 우유를 뿌리면 닭 비린내가 나지 않는다.
2 그릇에 분량의 양념을 모두 넣어 양념장을 만든다.
3 양념장에 밑간한 닭가슴살을 넣어 손으로 주물러 양념이 배도록 한다.
4 양념한 고기를 꼬치에 끼운다.
5 달군 프라이팬에 굽거나 오븐에 굽는다.

TIP

닭을 고를 때는 되도록 냉장육을 고릅니다. 냉동된 닭은 질기고 당연히 맛도 떨어집니다. 껍질에 탄력이 있고 털구멍자리가 숭숭 솟아오른 것이 신선한 닭입니다. 닭은 통째로 사는 것보다 필요한 부위별로 사는 것이 조리도 쉽고 경제적입니다.

고구마맛탕

재료(2인분 기준)

고구마 300g
설탕 1컵
물엿 2큰술
검은깨 1작은술
올리브유 1작은술

만드는 법

1 고구마 껍질을 벗겨 먹기 좋은 크기로 썬다.
2 키친타월로 고구마의 물기를 잘 닦아 낸 후 기름에 튀겨 낸다.
3 튀긴 고구마를 꺼내어 식기 전에 찬물에 살짝 담갔다 꺼낸다.
4 냄비에 물을 반 컵 넣고 약한 불에 올린 후 설탕과 물엿을 조금씩 넣어서 시럽을 만든다.
5 시럽이 갈색이 되면 올리브유를 조금 넣는다.
6 시럽이 뜨거울 때 튀긴 고구마를 넣어 버무린다.
7 검은깨를 뿌린다.

TIP

시럽을 잘못 만들면 고구마끼리 들러붙고 또 너무 딱딱해져 먹기 어려워요.
시럽을 만들 때는 젓지 않는 것이 가장 중요해요. 저으면 맑은 시럽이 되지 않고 설탕 결정이 생겨요. 반 이상 졸아들 때까지 약한 불에 그냥 졸이세요.

햄버거

재료(1인분 기준)

햄버거 빵 2장
쇠고기 200g
돼지고기 200g
양파 ¼개
다진 마늘 1작은술
빵가루 1큰술
양상추 1장
토마토 ¼개
마요네즈 1큰술
토마토케첩 1큰술
(또는 바비큐 소스)
치즈 1장

만드는 법

햄버거 패티 만들기

1 돼지고기와 쇠고기는 갈아서 준비한다.
2 양파 ¼개를 갈아 체에 받쳐 물기를 뺀다. 물기를 빼지 않으면 고기가 질어져 패티 모양이 예쁘게 나오지 않는다.
3 고기, 양파 간 것, 다진 마늘을 넣고 빵가루를 넣어 치댄다. 많이 치대야 끈기가 생긴다.
4 먹기 좋은 분량으로 떼어 내 햄버거 패티 모양으로 빚는다.
5 팬에 기름을 두르고 고기를 굽는다.

햄버거 만들기

1 팬에 버터를 조금만 바르고 햄버거 빵의 안쪽을 굽는다.
2 양상추는 찬물에 씻어 물기를 빼 놓는다.
3 토마토는 원형으로 얇게 썬다.
4 빵 안쪽에 마요네즈를 살짝 바르고 양상추 1장을 깐다. 그 위에 토마토와 구운 고기를 얹고 바비큐 소스나 케첩을 조금 뿌린다. 치즈를 얹고, 안쪽에 마요네즈를 바른 빵을 얹는다.

식빵피자

재료(1인분 기준)
식빵 2장
양파 ¼개
피망 ¼개
양송이버섯 2개
햄 1~2조각(또는 베이컨)
스파게티 소스 2큰술
스위트 콘 1큰술
모차렐라치즈 1큰술

만드는 법

1 식빵은 두툼한 것으로 골라 가장자리를 잘라 낸다.

2 양파는 다지고 피망도 잘게 썬다. 양송이도 잘게 썬다. 큼직하게 썰어야 보기에 좋지만 아이가 골라 낼 우려가 있으니 최대한 잘게 썬다.

3 베이컨이나 햄은 끓는 물에 한 번 담갔다가 잘게 썬다.

4 양파, 피망은 한 번 살짝 볶는다.

5 식빵 위에 스파게티 소스를 펴 바른다.

6 그 위에 볶은 양파와 피망, 옥수수, 양송이버섯, 베이컨 등 토핑 재료를 얹는다(올리브를 넣어도 예쁘고 익힌 감자를 넣으면 포테이토 피자가 된다. 통조림 파인애플을 넣어도 좋다).

7 6에 피자(모차렐라치즈를 넣어도 좋다)를 올려 오븐에 굽는다. 오븐이 없으면 전자레인지에 3분 정도 돌린다.

프라이드치킨

재료(3인분 기준)
닭 1마리
우유 1팩
달걀 1개
튀김가루 1컵
빵가루 ½컵
후춧가루 1작은술
소금 2작은술
식용유 적당량

만드는 법

1 닭은 손질하여 토막 낸다.

2 토막 낸 닭은 10분 정도 우유에 푹 담가 둔다. 우유에 담그면 영양 손실 없이 닭의 잡냄새를 없앨 수 있다. 우유에 담가 둔 닭을 꺼내어 소금, 후춧가루로 밑간한다.

3 달걀 1개를 풀어 튀김가루를 반죽한다.

4 밑간한 닭에 튀김가루를 묻히고 그 위에 빵가루를 바른다. 빵가루는 떨어지지 않도

록 손으로 꾹꾹 눌러 가며 묻힌다.

5 불에 올린 기름에 빵가루를 조금 넣었을 때 빵가루가 보글보글 올라오면 튀길 온도가 된 것이다. 닭을 두세 조각씩 넣어 튀겨 낸다. 한꺼번에 많이 넣으면 기름 온도가 내려가서 튀김이 기름을 많이 먹어 눅눅하고 느끼해진다.

6 기름에 떨어진 빵가루들을 걷어 내면서 8~10분 정도 튀기면 잘 익는다.

TIP
위의 프라이드 치킨에 소스를 바르면 양념치킨이 돼요. 양념치킨 소스(케첩 5큰술, 고추장 2큰술, 간장 1큰술, 물엿 2큰술, 설탕 1큰술, 참기름 1큰술)를 불에 올려 저어 가며 살짝 끓여 줘요. 한 번 끓어오르면 불을 끄고 그릇에 프라이드 치킨 소스를 넣어 골고루 뒤섞어 줘요.

브로콜리감자스프

재료(2인분 기준)
감자 1개
브로콜리 ½개
양파 ¼개
버터 1큰술
생크림 2큰술
생수 2컵
소금 약간
후춧가루 약간

만드는 법
1 감자는 껍질을 벗기고 얇게 썰어서 찬물에 잠깐 담갔다 건진다.

2 양파는 채 썬다.

3 브로콜리는 꽃 부분만 떼어서 끓는 물에 살짝 데친다.

4 냄비에 버터를 두르고 감자와 양파만 볶다가 물 2컵을 부어 끓인다.

5 4에 데친 브로콜리를 넣고 믹서나 핸드 블랜더로 간다.

6 5를 냄비에 옮겨 담고 저으면서 약한 불에 끓인다.

7 끓으면 불을 끄고 생크림을 넣고 젓는다. 소금과 후춧가루로 간한다.

밤경단·고구마경단

재료(2인분 기준)
찹쌀가루 ½컵
밤 10개
고구마 1개
소금 1작은술

만드는 법

1 찹쌀은 물에 불려서 곱게 빻아 채 친다. 시판 찹쌀가루를 사용하면 편하다.
2 찹쌀가루는 뜨거운 물로 익반죽한다.
3 반죽한 찹쌀을 손으로 동그랗게 빚어 경단을 만든다.
4 냄비에 물을 넣고 펄펄 끓으면 찹쌀 경단을 넣어 익힌다. 경단이 물 위에 떠오르면 익은 것이다.
5 밤은 삶아서 속살만 발라 다진다.
6 고구마는 삶아서 다진다.
7 밤 다진 것에 경단을 굴리면 밤경단이 되고, 고구마 다진 것에 경단을 굴리면 고구마 경단이 된다.

TIP

찹쌀가루로 만드는 경단은 겉에 묻히는 고물에 따라 무궁무진한 음식이 돼요. 카스텔라를 묻히면 아이가 아주 좋아하고요, 콩가루를 묻혀도 맛있어요. 검정색 쿠키를 가루내 묻히면 독특한 흑경단이 돼요.

과일요구르트샐러드

재료(1인분 기준)
사과 ½개
귤 1개
딸기 3~4개
땅콩 10개
호두 2~3개
플레인 요구르트 1컵
꿀 약간
소금 약간

만드는 법

1 사과와 귤은 껍질을 벗기고 딸기와 함께 먹기 좋은 크기로 썬다. 레몬즙을 조금 탄 물을 사과에 뿌려 두거나 연한 소금물에 사과를 담가 놓으면 갈변을 막을 수 있다.
2 땅콩과 호두는 껍질 벗겨 빻아 둔다.
3 썰어 둔 과일에 빻은 견과류를 뿌리고 꿀을 조금 섞는다.
4 플레인 요구르트를 넣어 잘 뒤섞는다.
5 소금을 조금 넣으면 더 달고 맛있다.

✎ NOTE

엄마가 옆에서 지켜봐 주기만 한다면 아이 혼자서도 만들 수 있는 요리예요.
요리할 때 아이가 가장 해 보고 싶어 하는 일

이 바로 칼질입니다. 엄마가 쓰는 부엌칼은 아이에게는 위험할 수도 있으므로 제과점에서 준 케이크 칼을 사용하도록 하거나 스테이크용 나이프를 쥐어 줘 보세요.

수정과

재료 (약 700ml 기준)
생강 50g
통계피 30g
설탕 ½컵
곶감 약간
잣 3알
물 1ℓ

만드는 법
1 생강은 껍질을 벗겨서 얇게 저민다.
2 계피는 손으로 부순다.
3 물 1ℓ에 저민 생강과 계피를 넣고 은근한 불에서 푹 끓인다.
4 체에 내려 계피와 생강 찌꺼기를 걸러 낸다.
5 설탕을 넣어 다시 한 번 끓인다.
6 곶감은 꼭지를 떼어 내고 씨를 뺀다.
7 차게 식혀 곶감과 잣을 띄운다.

오미자음료

재료
오미자 50g
생수 2컵
설탕이나 꿀 ½컵
배 약간

만드는 법
1 오미자는 물에 씻어 차가운 생수를 붓고 하룻밤쯤 담가 두면 붉은 오미자물이 우러나온다.
2 오미자물에 두 배 정도의 찬물을 섞고 설탕이나 꿀을 넣어 단맛을 맞춘다.
3 배를 깎아 예쁘게 모양낸다.
4 차게 식힌 오미자 음료에 배를 띄운다.

미숫가루화채

재료(4인분 기준)
수박 ¼통
키위 2개
사과 1개
미숫가루 1컵
설탕이나 꿀 3큰술
생수 4컵
얼음 적당량

만드는 법

1 수박은 씨를 발라 작게 썬다. 키위, 사과도 깎아서 먹기 좋게 썬다.
2 생수에 미숫가루와 설탕을 넣고 뭉치지 않게 잘 섞는다. 체에 내리거나 블랜더를 쓰면 숟가락으로 섞는 것보다 더 빨리 섞을 수 있다.
3 미숫가루 물에 과일을 띄우고 얼음을 넣어 낸다.

수박두유화채

재료(약 1.5ℓ 기준)
수박 ¼통
두유 1ℓ
설탕 2큰술

만드는 법

1 수박은 씨를 빼고 잘게 썬다.
2 찬 두유에 설탕을 조금 넣어 잘 섞어 준다.
3 두유에 잘게 썬 수박을 띄운다.

TIP

수박 외에 참외나 복숭아 등 좋아하는 과일로 두유 화채를 만들어 먹으면 좋아요. 두유는 어느 과일과도 잘 어울려요.

epilogue

마지막까지 읽어 주셔서 감사합니다. 징그럽게 안 먹는 아이에게 밥을 먹이는 데 도움이 되셨는지 모르겠습니다. 다시 한번 말씀드리지만 밥 잘 먹고 건강한 아이로 키우기 위해서는 엄마부터 열심히 노력하고 공부해야 합니다.

다시 행복한 식사시간을 맞이하게 되는 그날까지, 세상의 모든 엄마들 화이팅!

이 도서를 참고했어요

『총명하고 튼튼한 자녀 만들기』 이형구·이성환 지음 | 중앙생활사
『감기를 달고 사는 아이들』 대한소아알레르기 및 호흡기 학회 지음 | 도서출판 소화
『자연담은 한방육아』 김기환·심규범·이정택 지음 | 맘에 드림
『아이버릇 명쾌하게 잡아주는 수퍼내니 따라하기』 조 프로스트 지음 | 마고북스
『우리 아이가 달라졌어요』 SBS 우리 아이가 달라졌어요 제작팀 지음 | 영진닷컴
『우리 아이는 오줌싸개 똥싸개』 이마이즈미 다케오 지음 | 롱셀러
『아기를 생각한다』 안느 바쿠스 지음 | 들린아침
『먹고 싶은 대로 먹은 음식이 당신 아이의 머리를 망친다』 오사와 히로시 지음 | 황금부엉이
『먹지 마, 위험해』 일본자손기금 지음 | 해바라기
『차라리 아이를 굶겨라 1, 2』 다음을 생각하는 사람들 지음 | 시공사
『놀이로 자라는 우리 아이』 마릴린 시걸·돈 에드콕 지음 | 이화여자대학교 출판부
『삐뽀삐뽀 119 이유식』 하정훈 지음 | 그린비
『트릭의 심리학』 간바 와타루 지음 | 에이지 21

지금은 안 먹지만, 다시 시도해 볼 거예요.
(예-당근은 2017년 7월에 다시 시도해 볼 거예요.)

_____는 _____년 _____월에 다시 시도해 볼 거예요.

_____는 _____년 _____월에 다시 시도해 볼 거예요.

_____는 _____년 _____월에 다시 시도해 볼 거예요.

_____는 _____년 _____월에 다시 시도해 볼 거예요.

_____는 _____년 _____월에 다시 시도해 볼 거예요.

_____는 _____년 _____월에 다시 시도해 볼 거예요.

_____는 _____년 _____월에 다시 시도해 볼 거예요.

_____는 _____년 _____월에 다시 시도해 볼 거예요.

_____는 _____년 _____월에 다시 시도해 볼 거예요.

_____는 _____년 _____월에 다시 시도해 볼 거예요.

_____는 _____년 _____월에 다시 시도해 볼 거예요.

_____는 _____년 _____월에 다시 시도해 볼 거예요.

_____는 _____년 _____월에 다시 시도해 볼 거예요.

_____는 _____년 _____월에 다시 시도해 볼 거예요.

_____는 _____년 _____월에 다시 시도해 볼 거예요.

_____는 _____년 _____월에 다시 시도해 볼 거예요.

_____는 _____년 _____월에 다시 시도해 볼 거예요.

_____는 _____년 _____월에 다시 시도해 볼 거예요.

_____는 _____년 _____월에 다시 시도해 볼 거예요.

_____는 _____년 _____월에 다시 시도해 볼 거예요.

조리 방식을 바꾸었더니 잘 먹어요.
(예-감자볶음은 잘 먹지 않지만, 감잣국은 잘 먹어요.)